Ce Livre De Coloriage Appartient à:

Ce Livre Publié par Activités Livre de Coloriage

Copyright © 2020 Activités Livre de Coloriage

Tous les droits sont réservés

S'il vous plaît, soutenez-nous et Laisser un commentaire

Je vous remercie

Les Alphabets

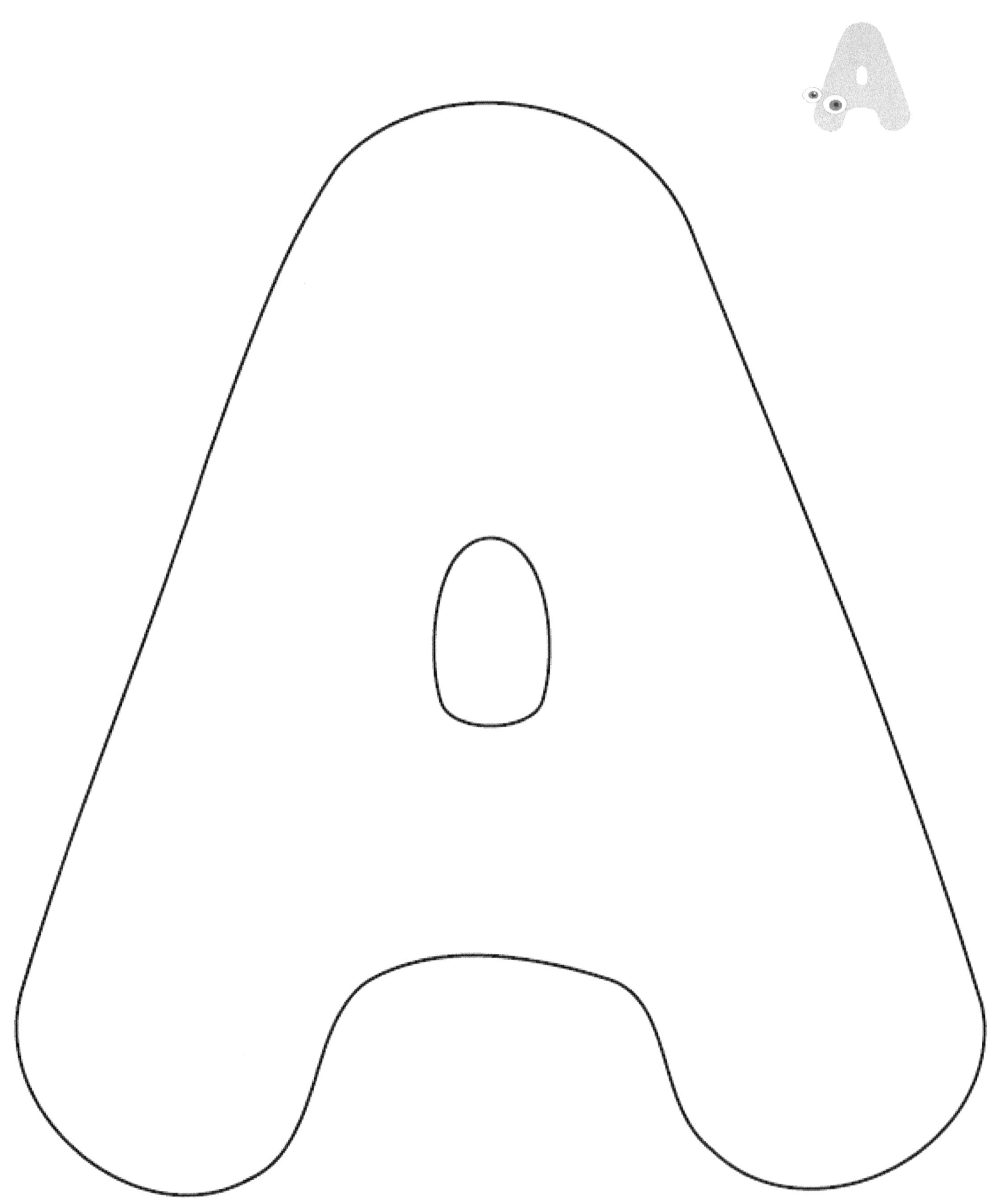

Alligator

Baleine

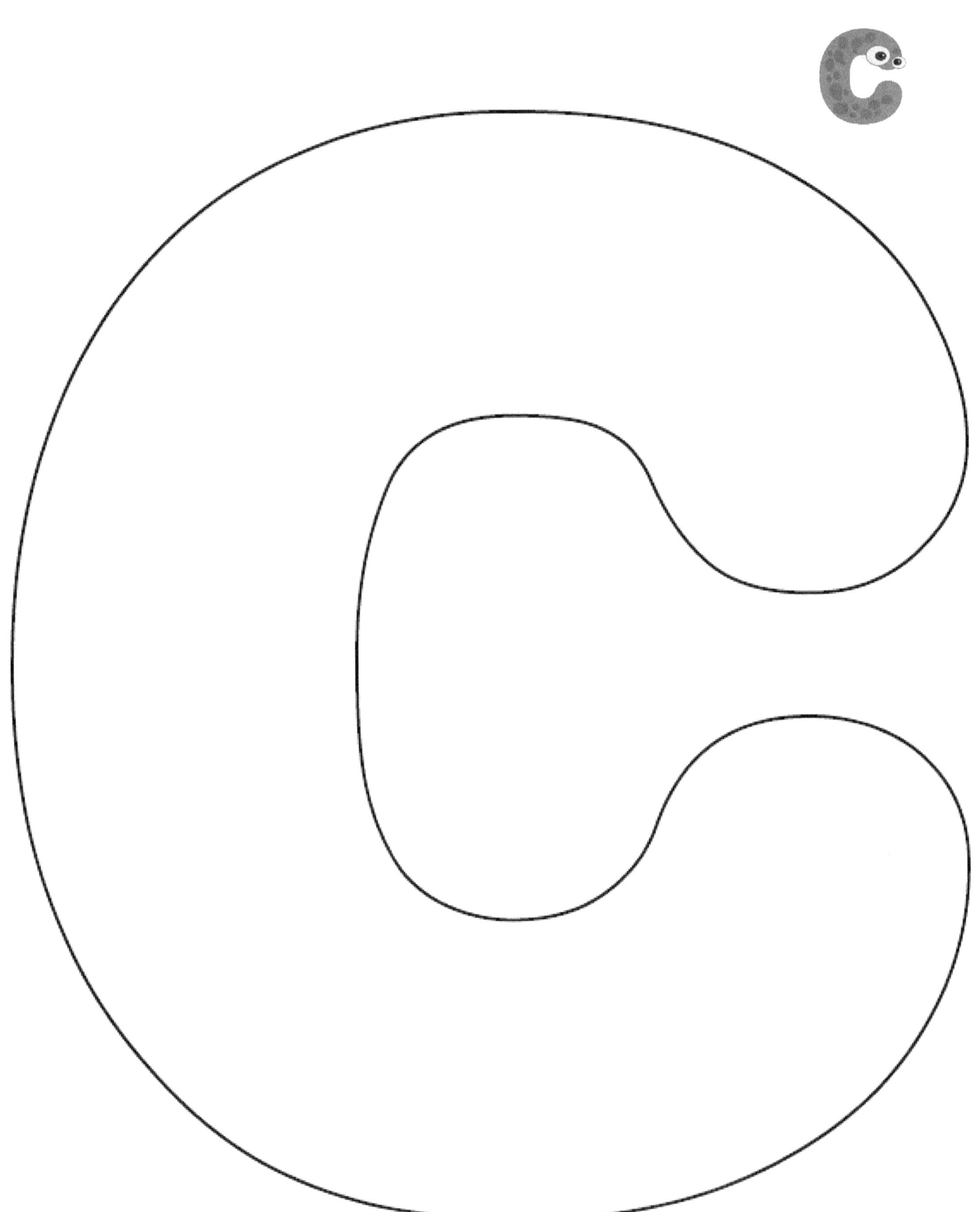

Chat

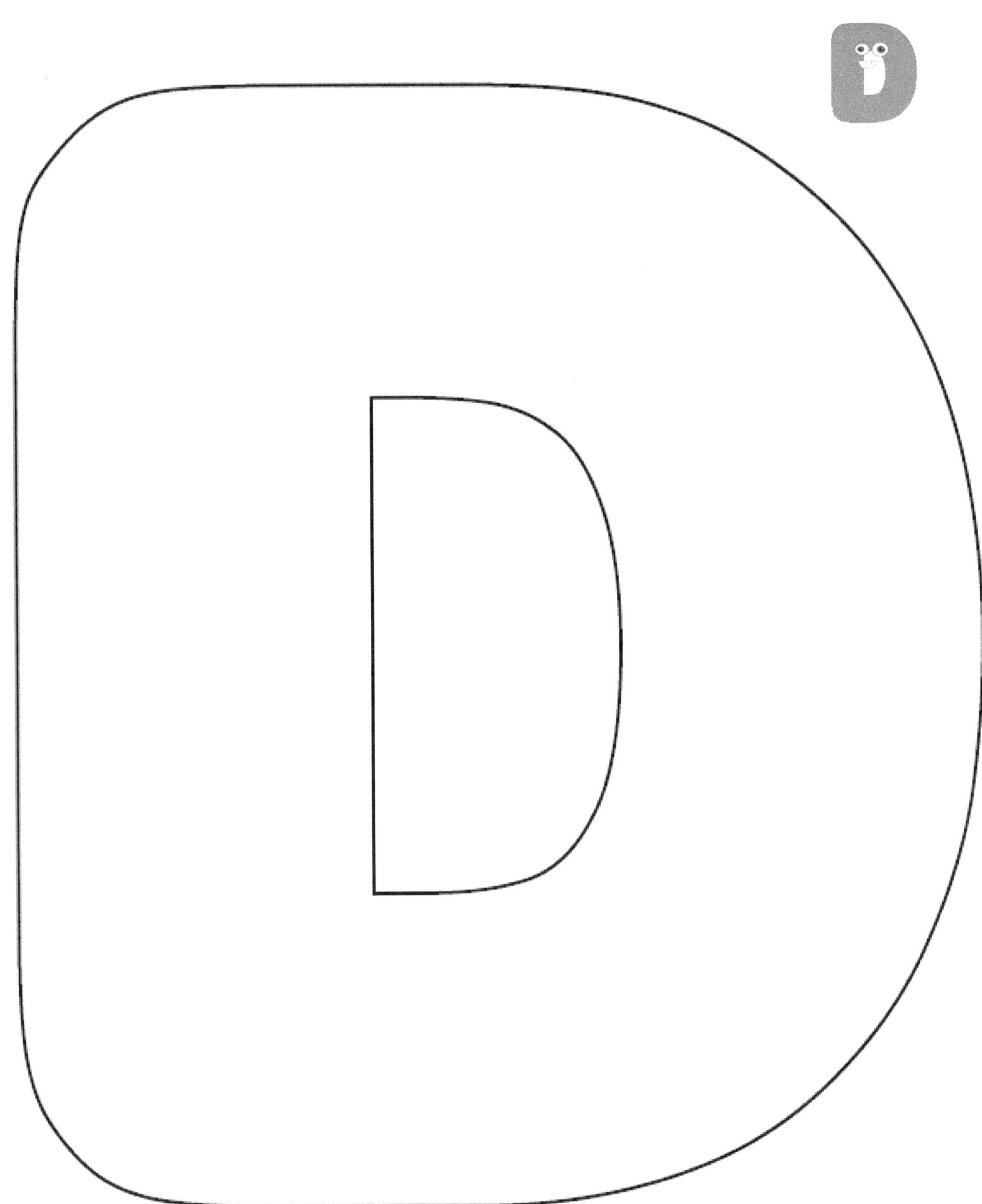

Dauphin

Eléphant

Fourmi

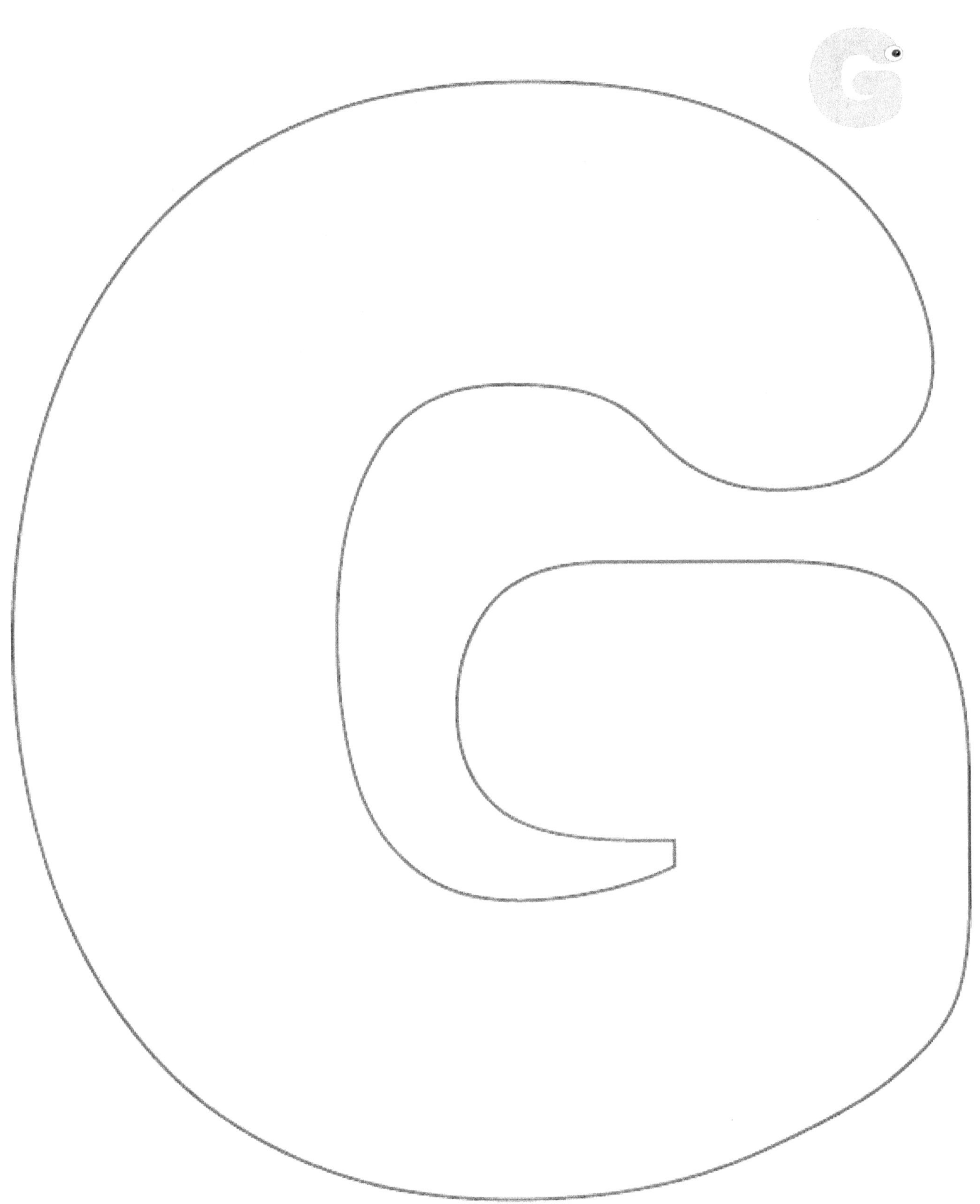

Girafe

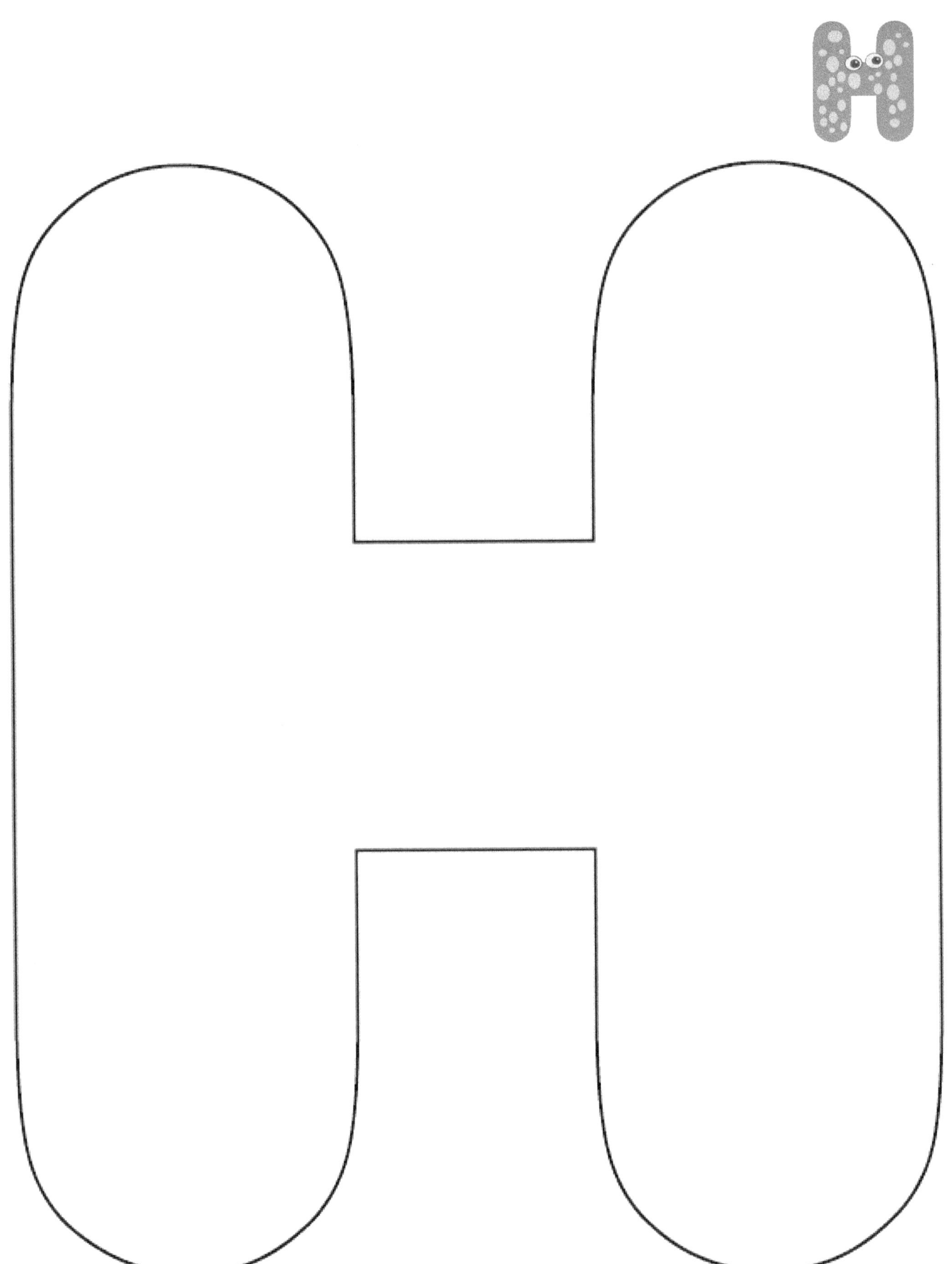

Hibou

Iguane

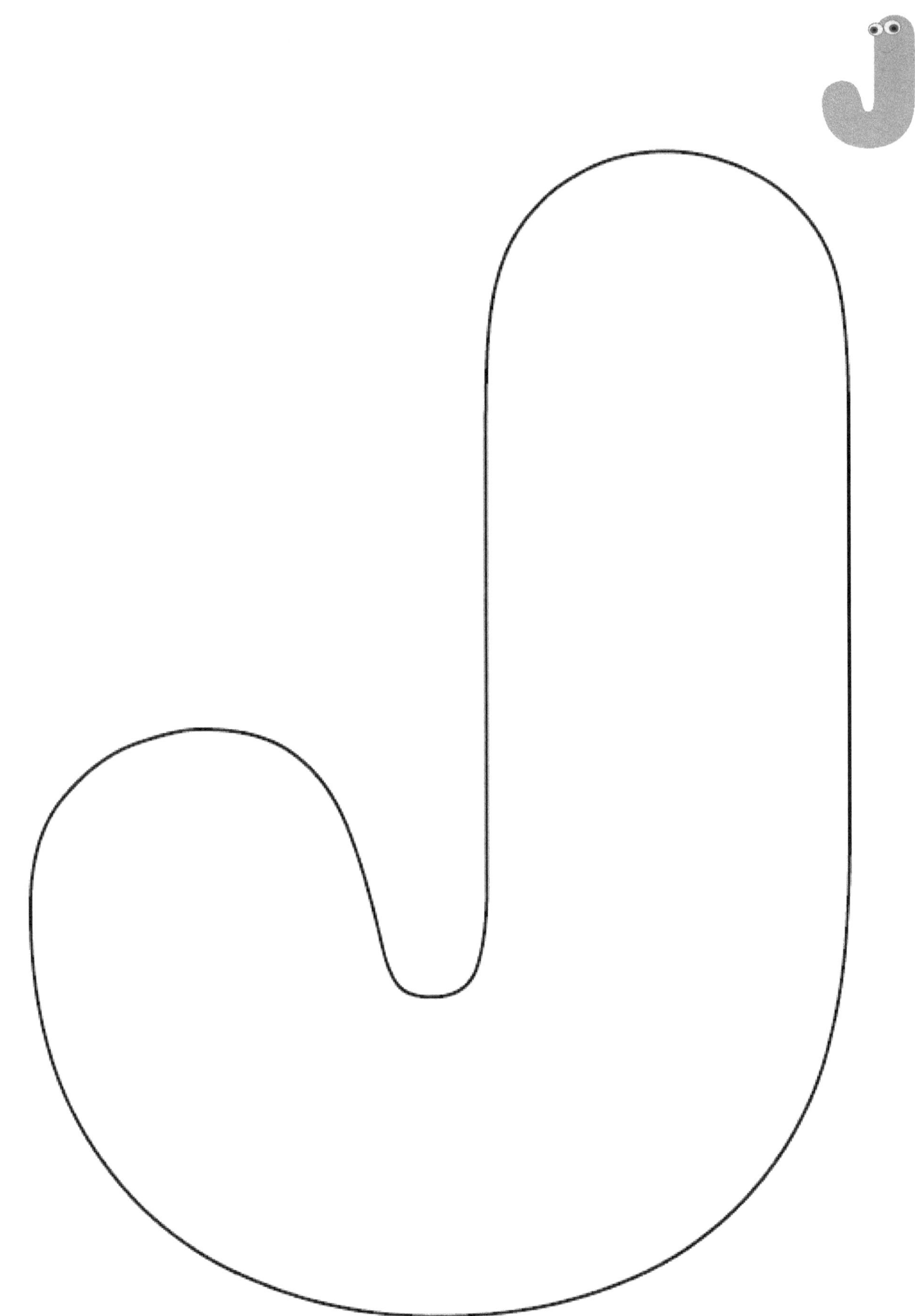

Jaguar

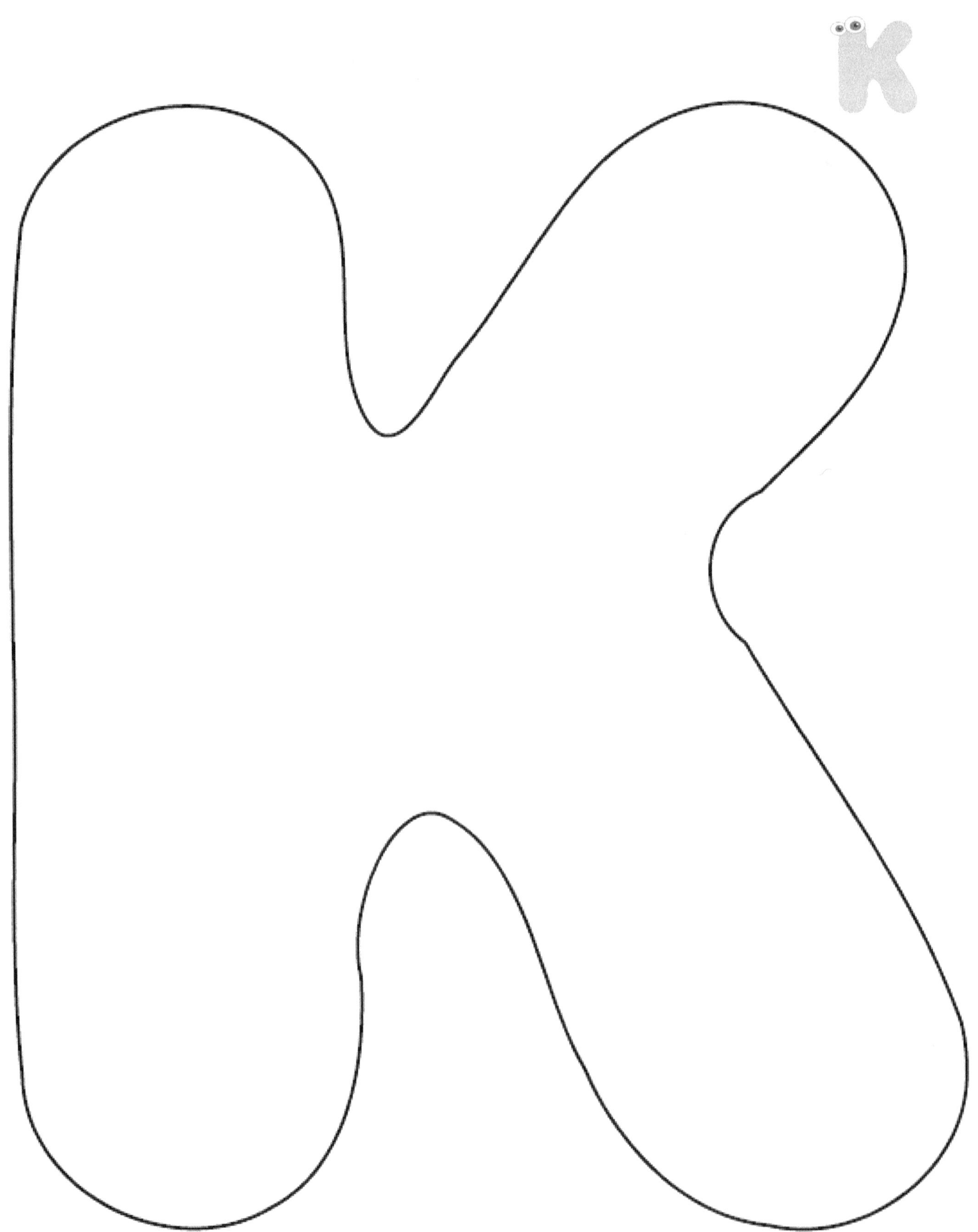

Kangourou

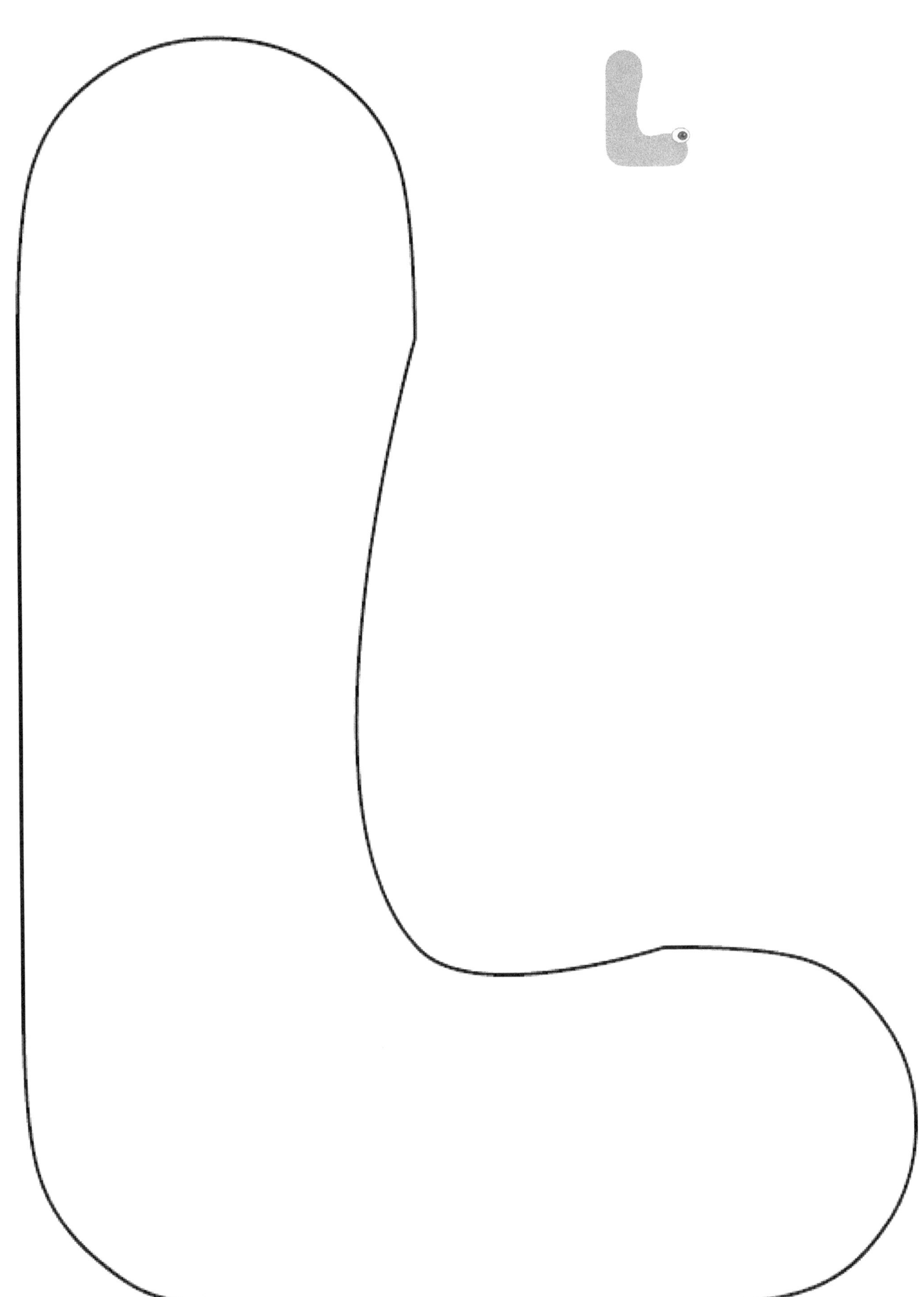

Lion

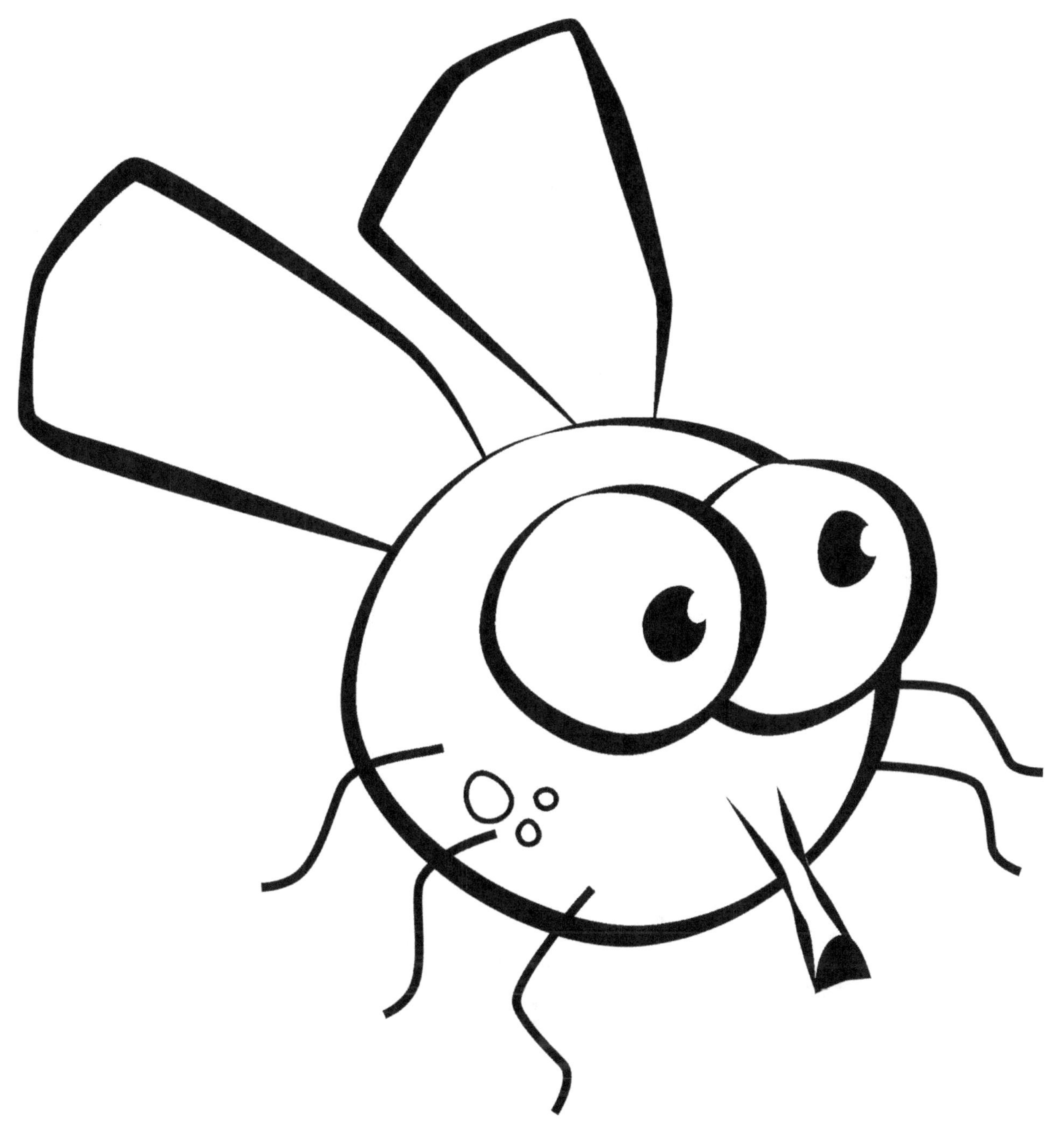

Mouche

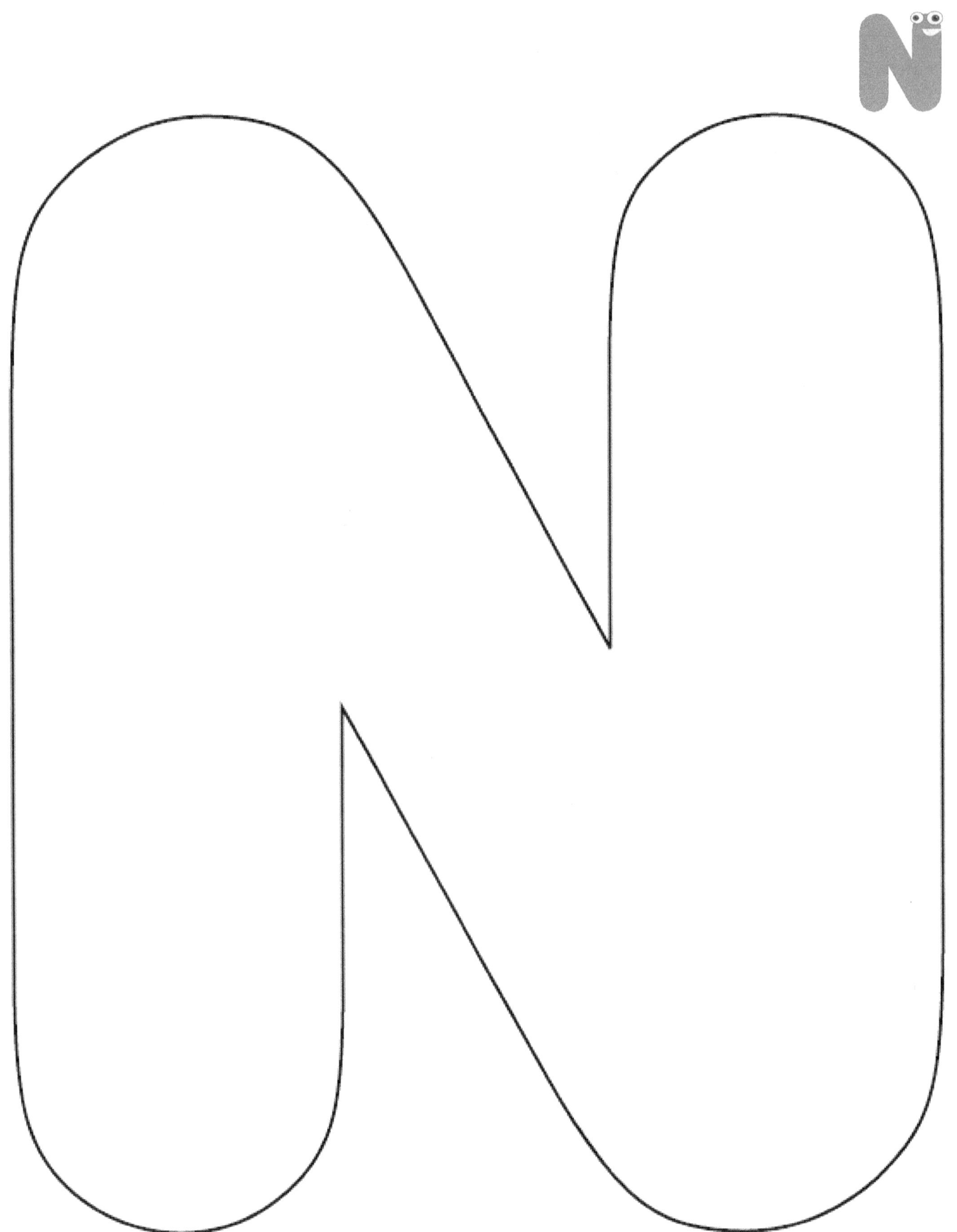

Narval

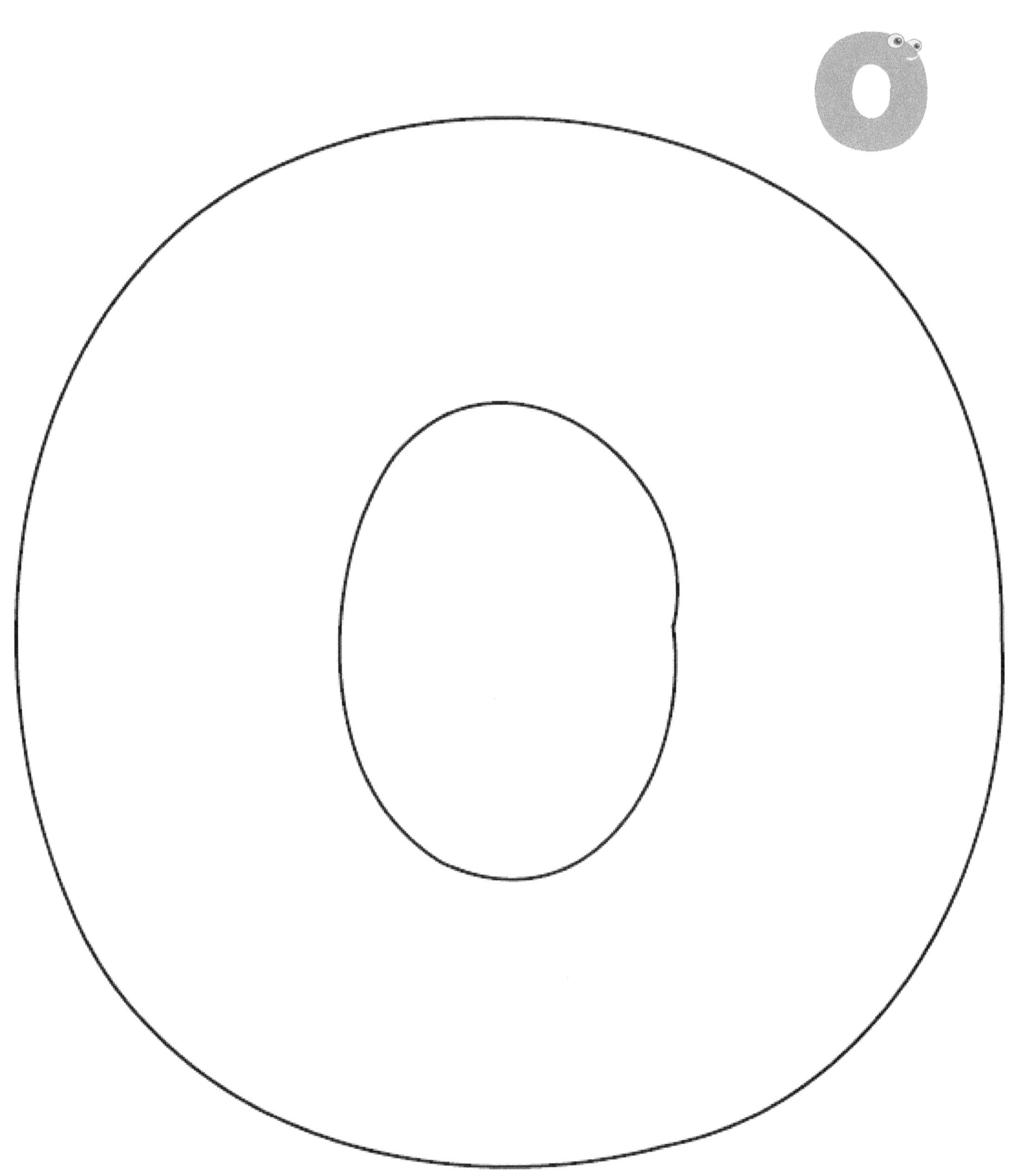

Ours

Poisson

Quatre

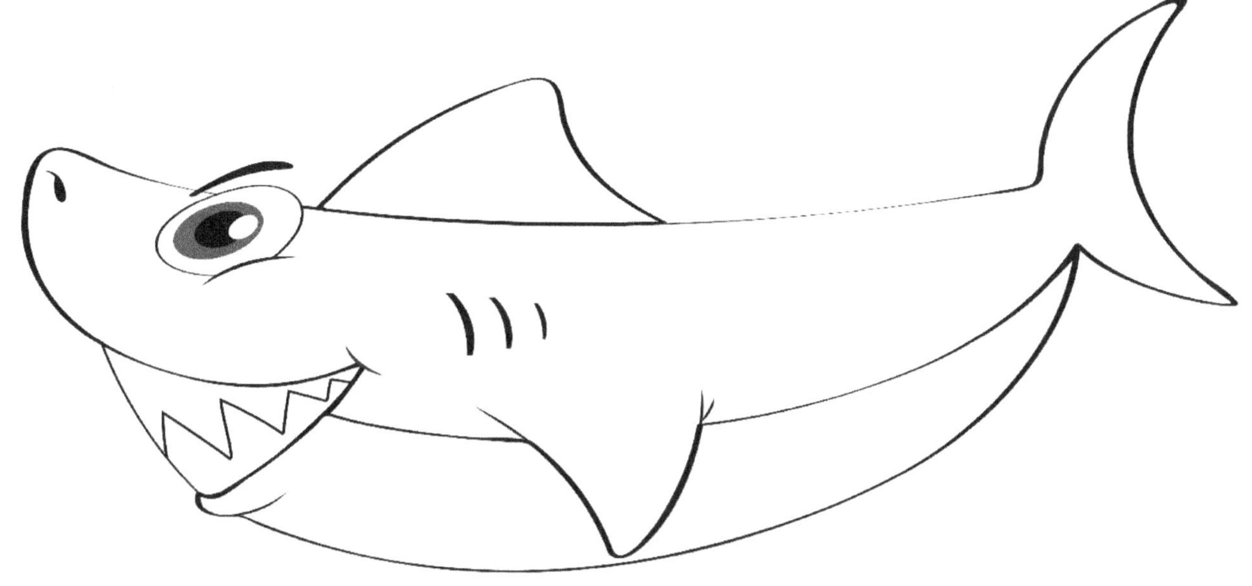

Requin

Singe

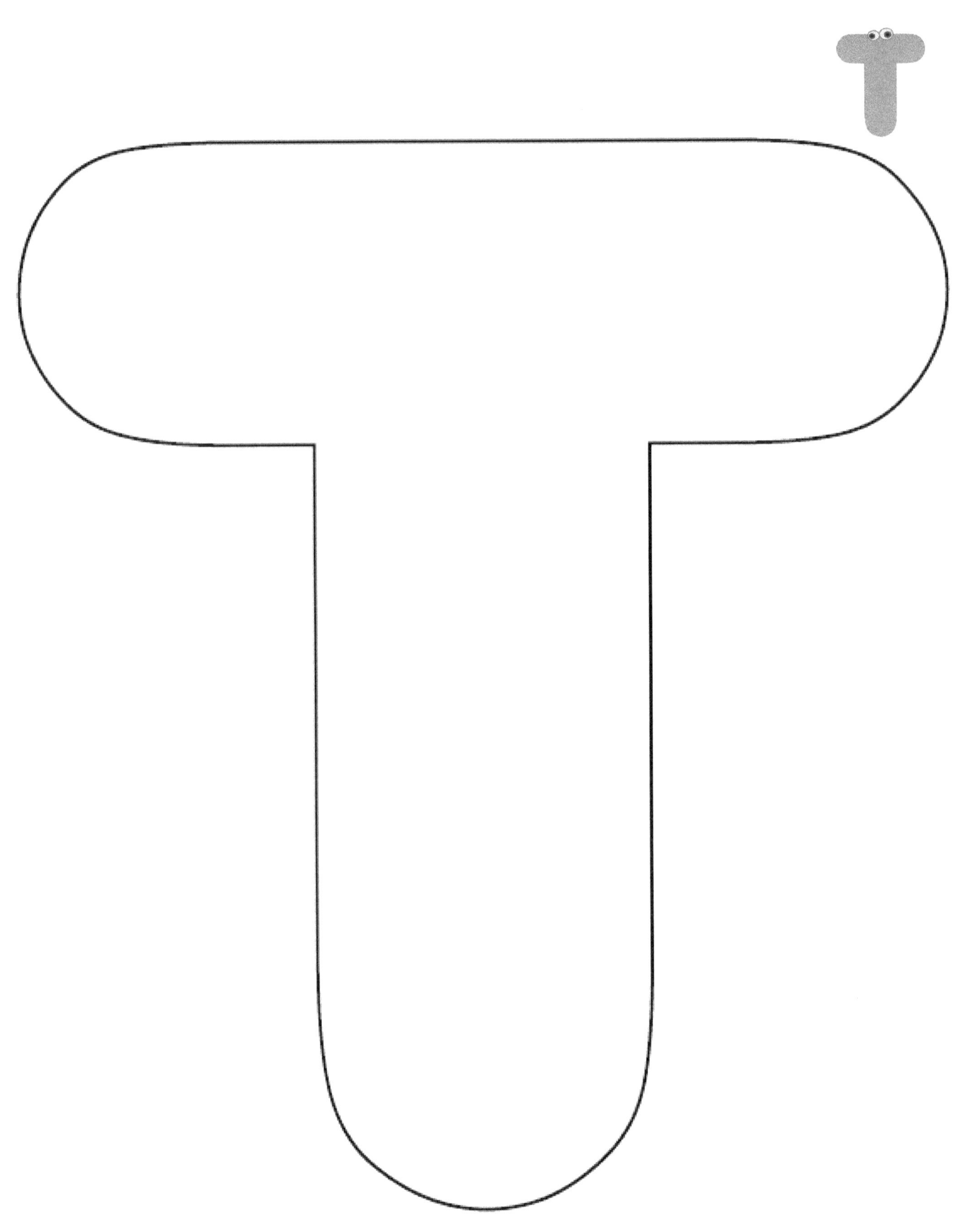

Tortue

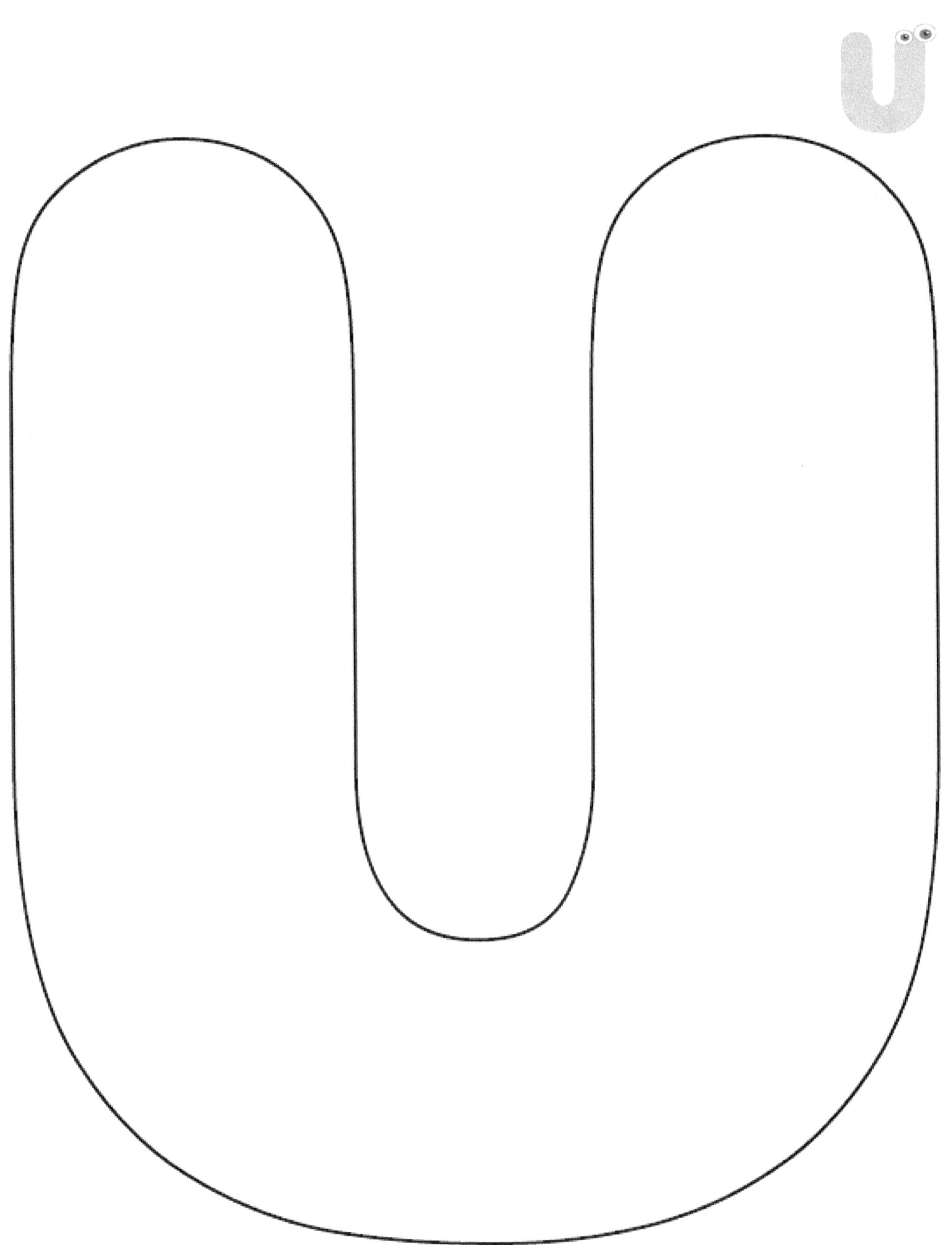

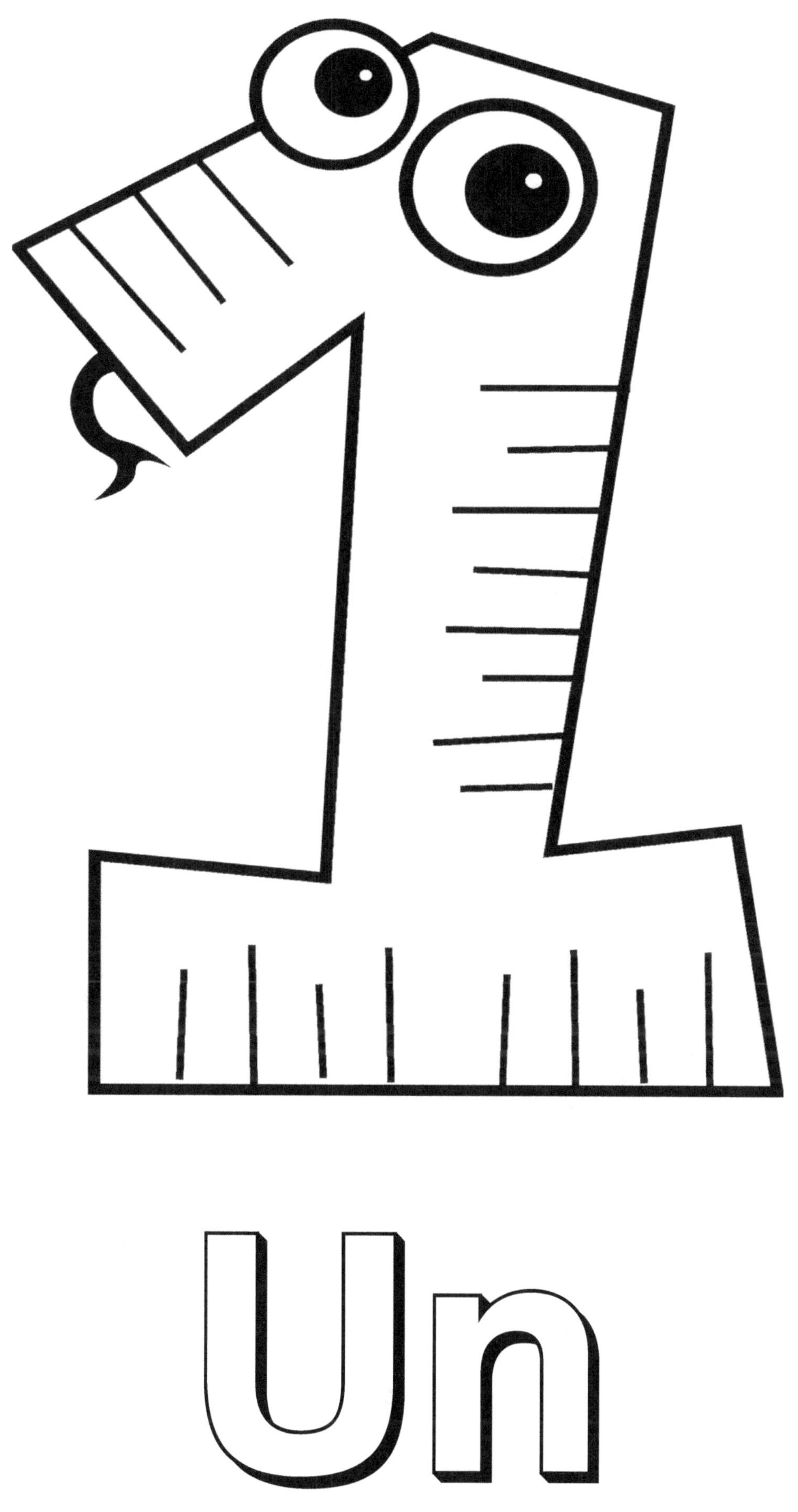

Un

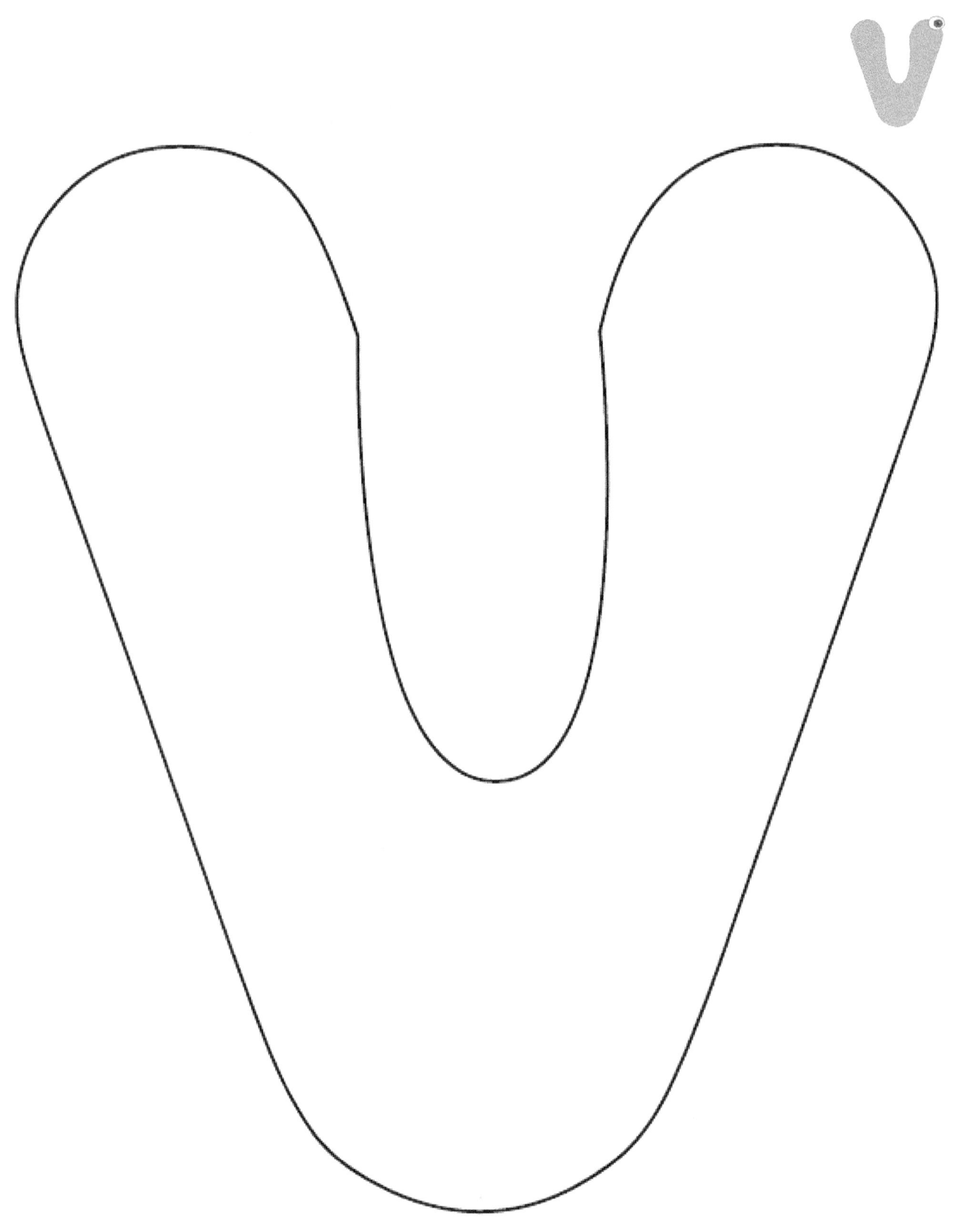

Vache

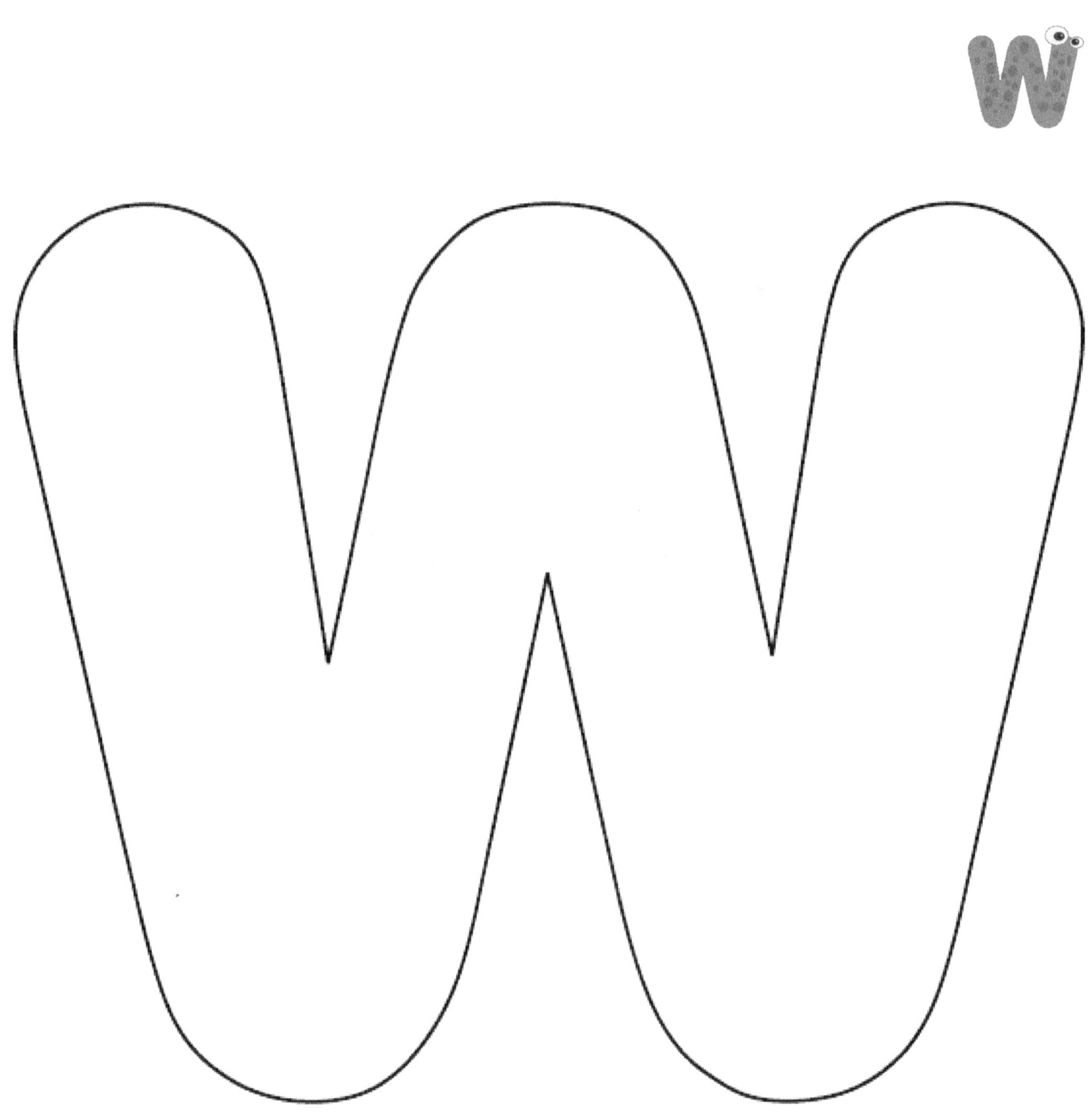

Wapiti

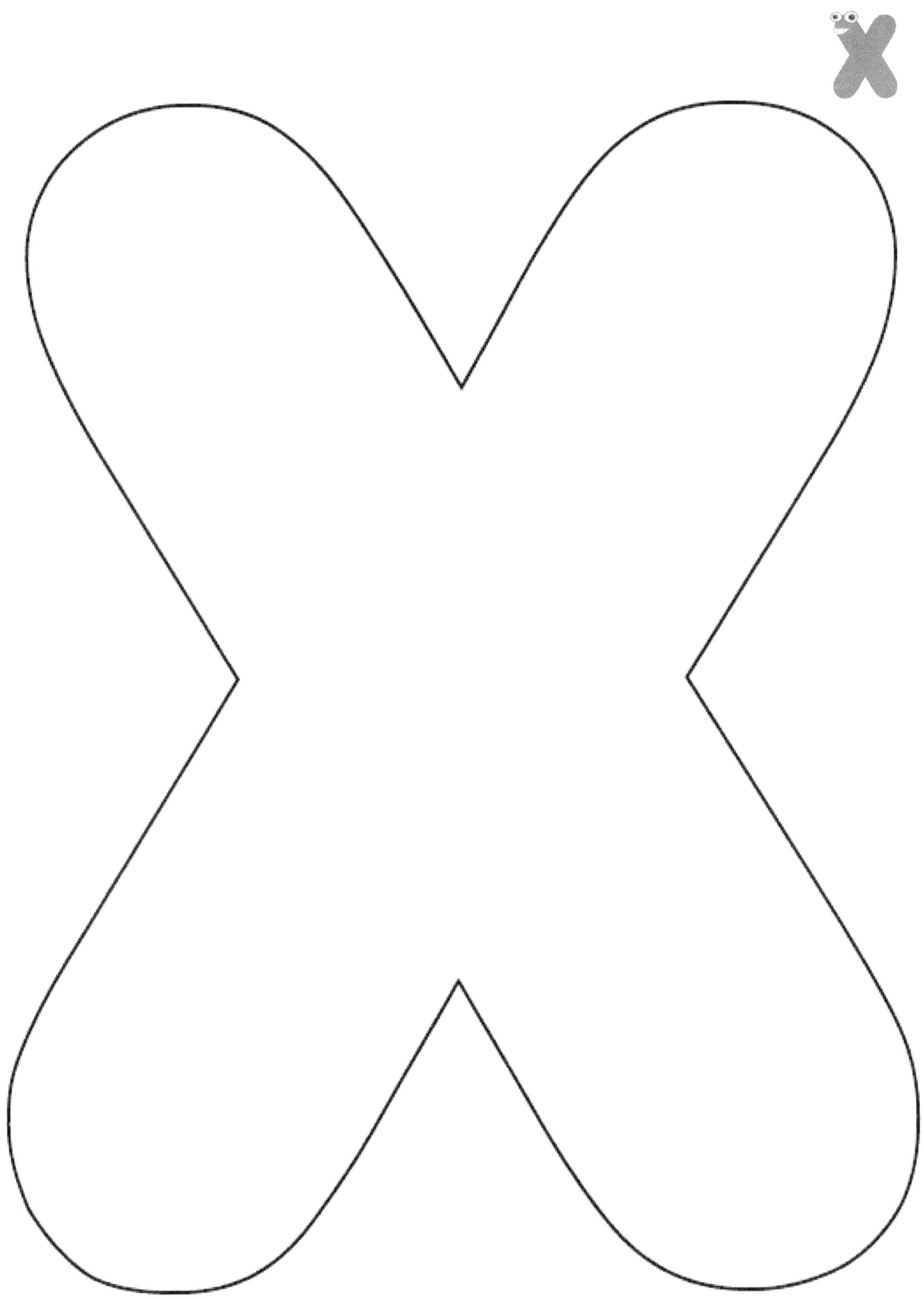

Deux

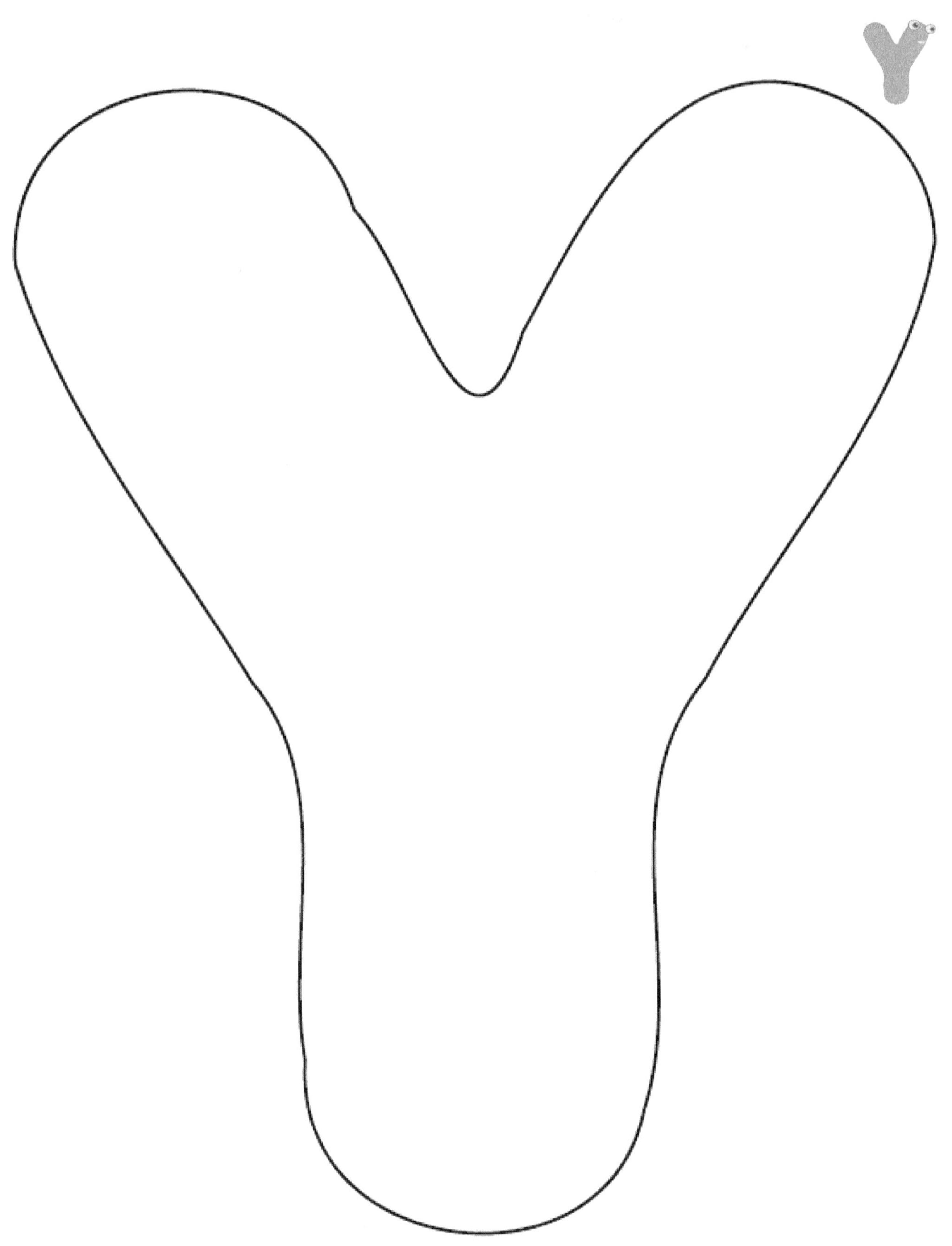

Yack

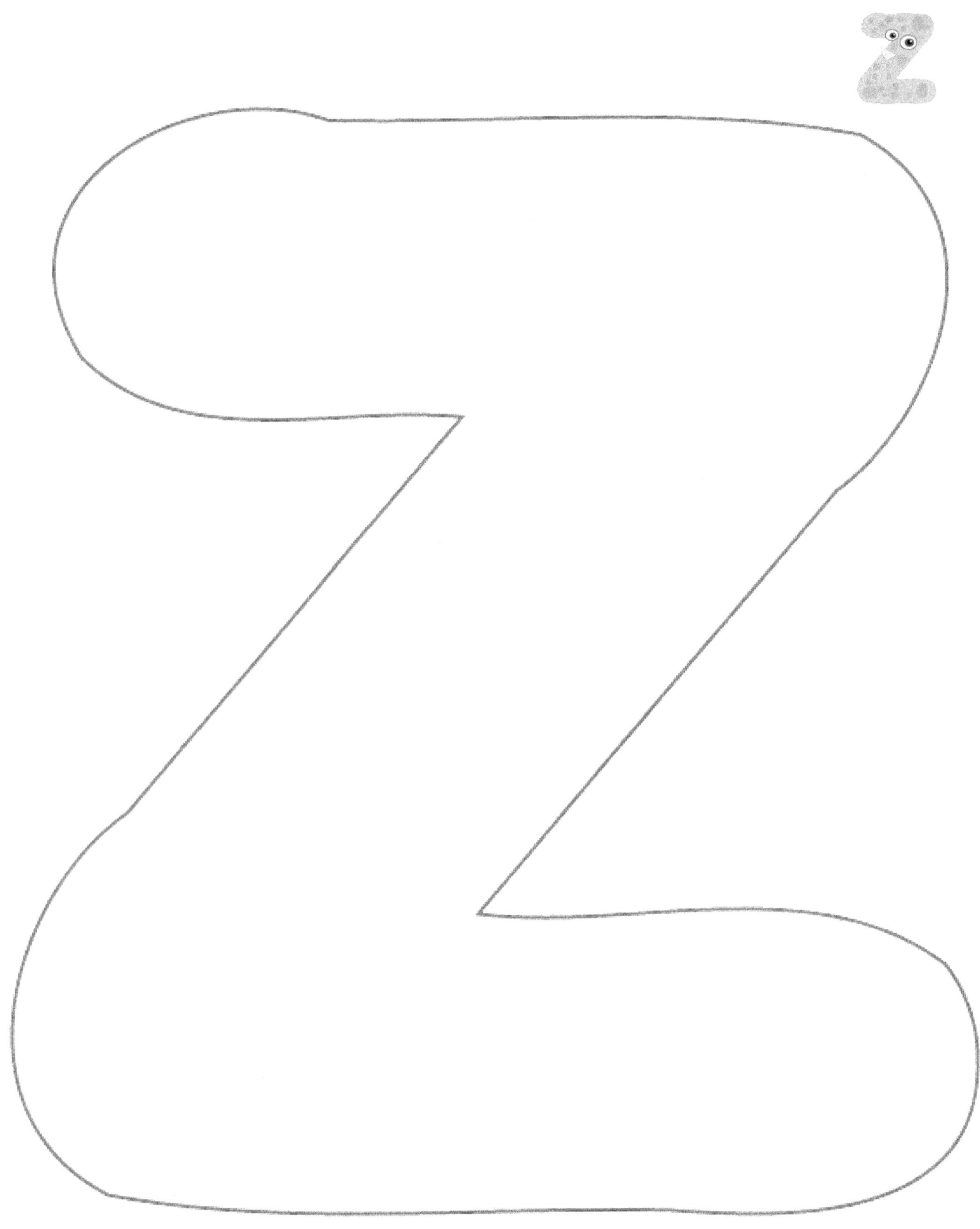

Zèbre

Les Nombres

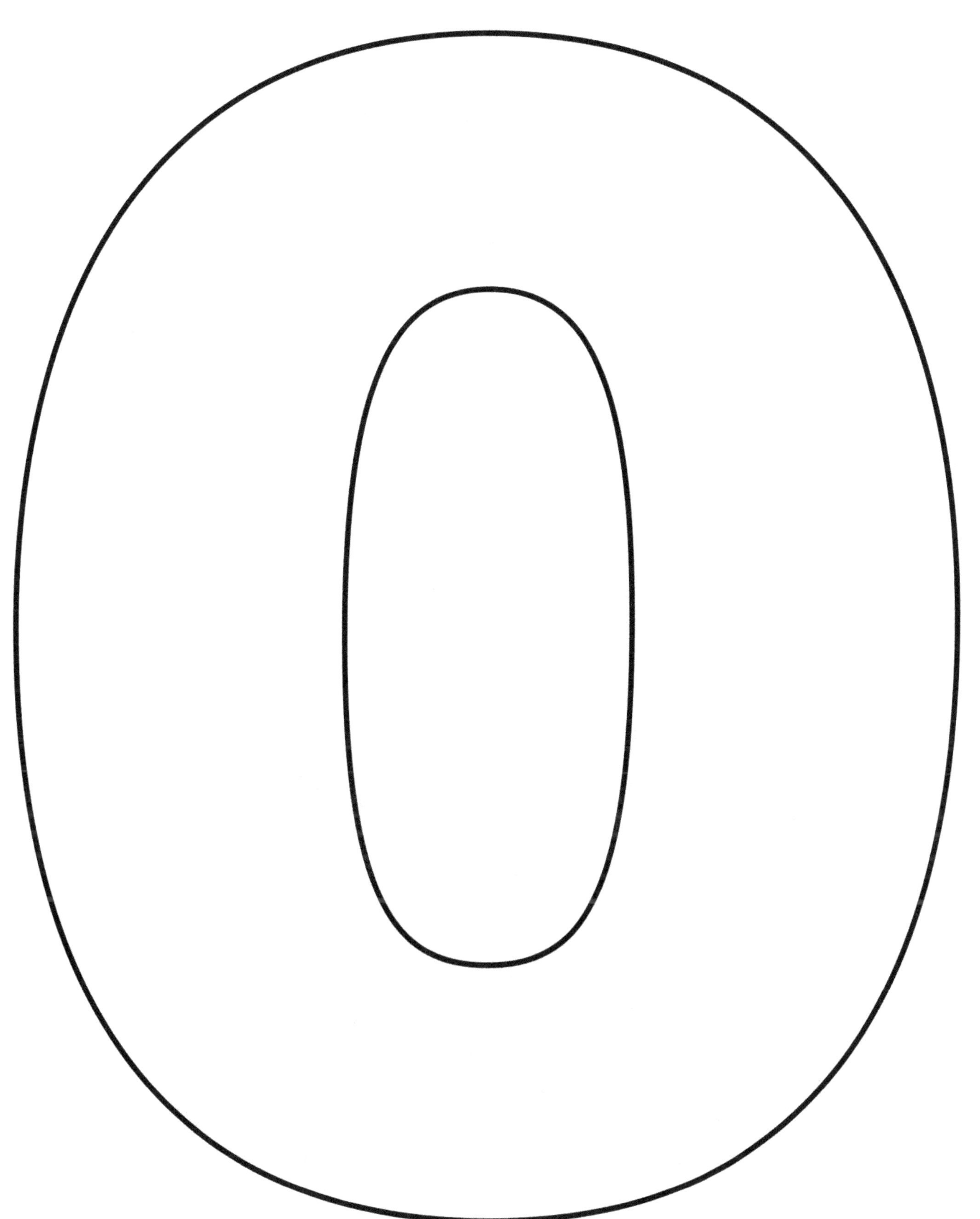

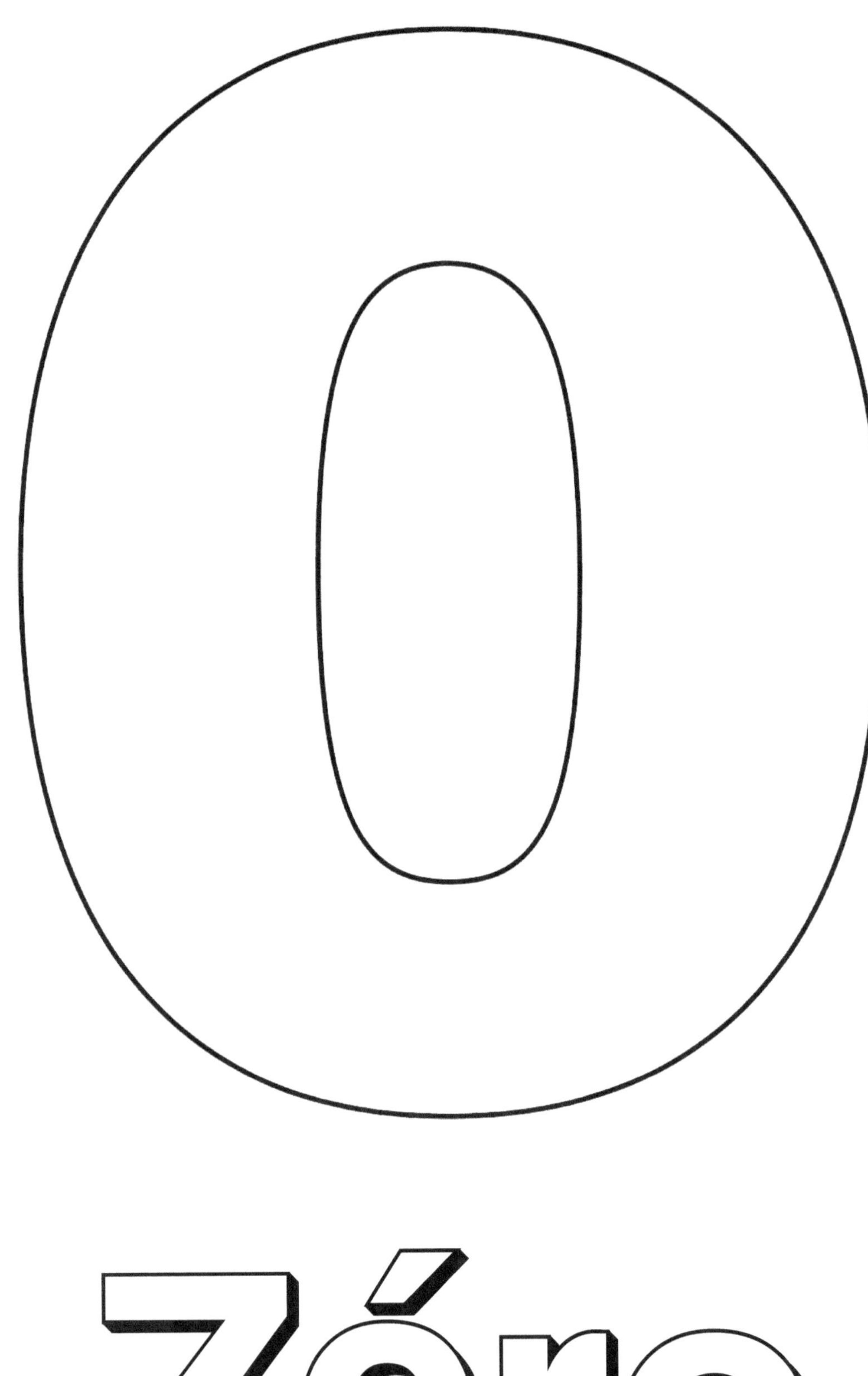

Zéro

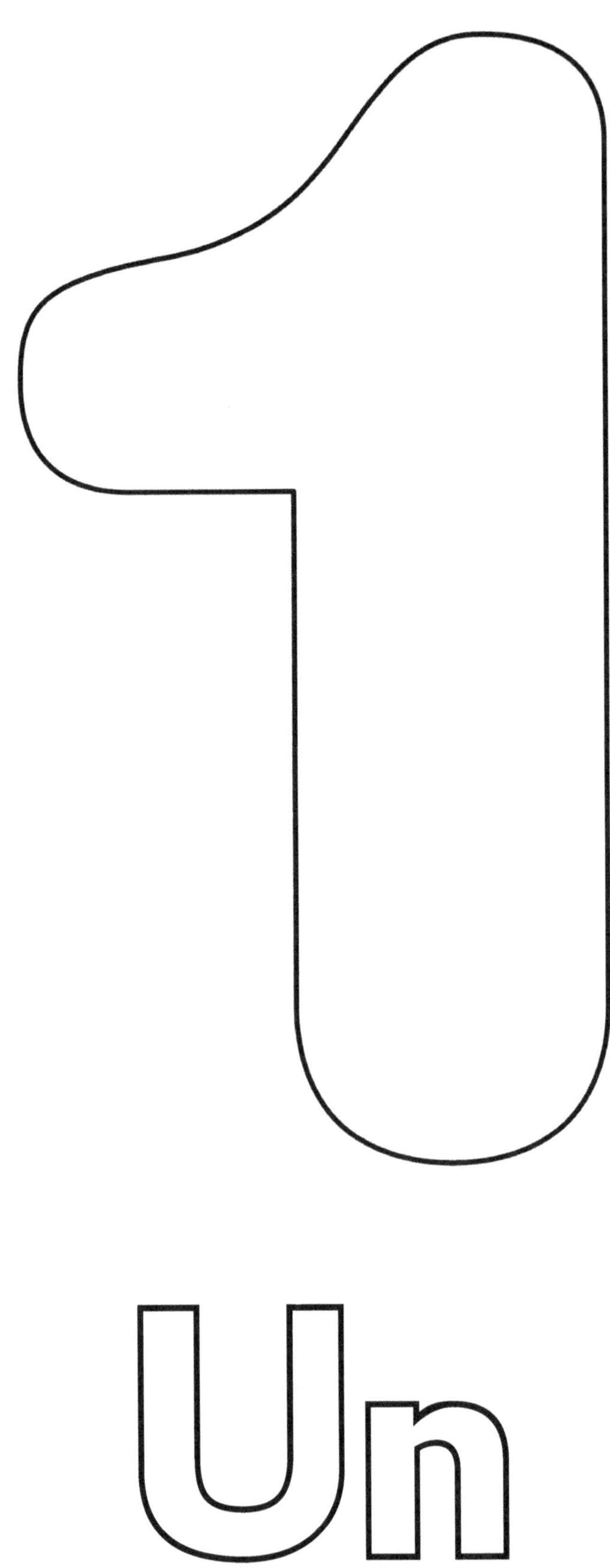

CALCULEZ LE NOMBRE D'ANIMAUX?

2
Deux

CALCULEZ LE NOMBRE D'ANIMAUX?

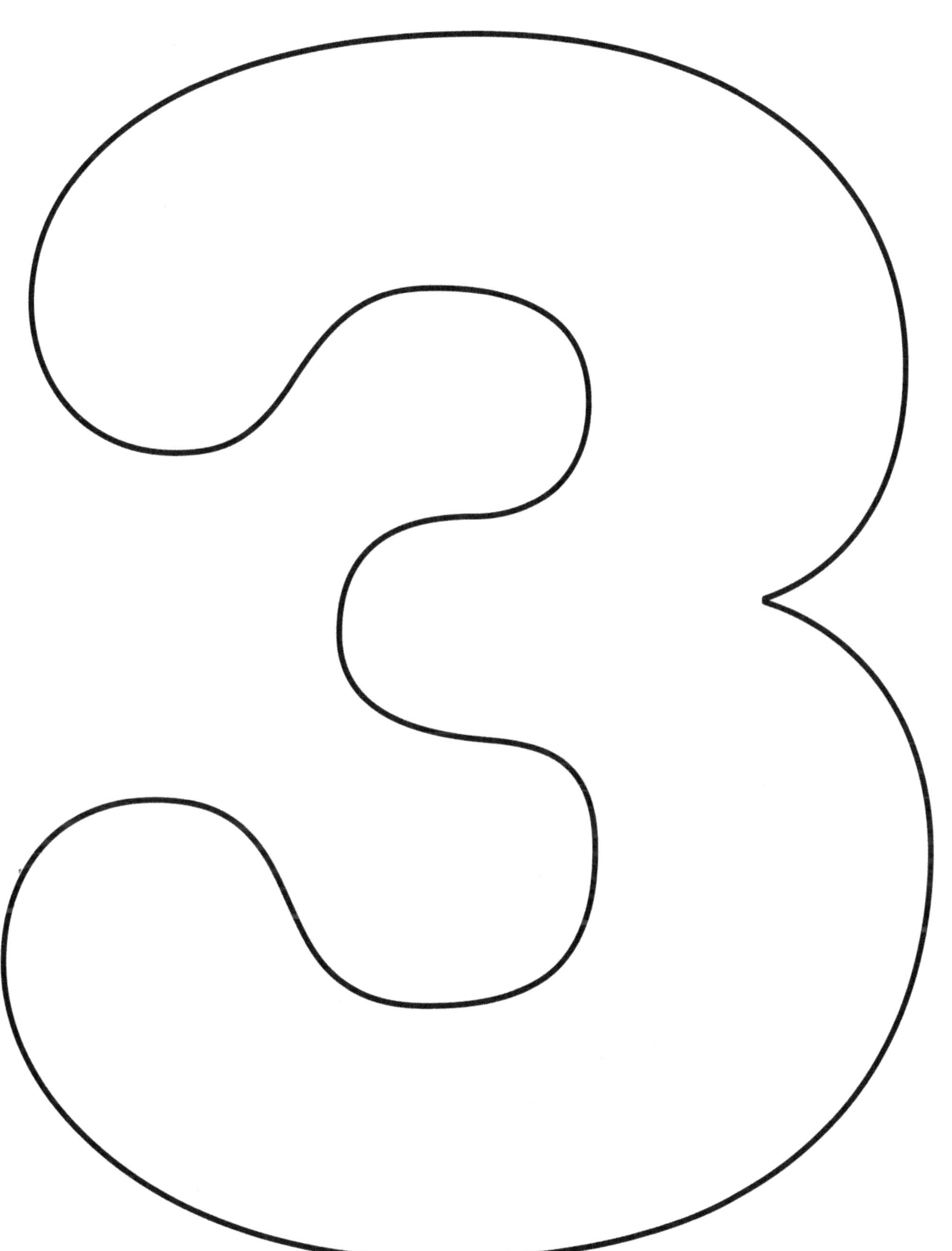

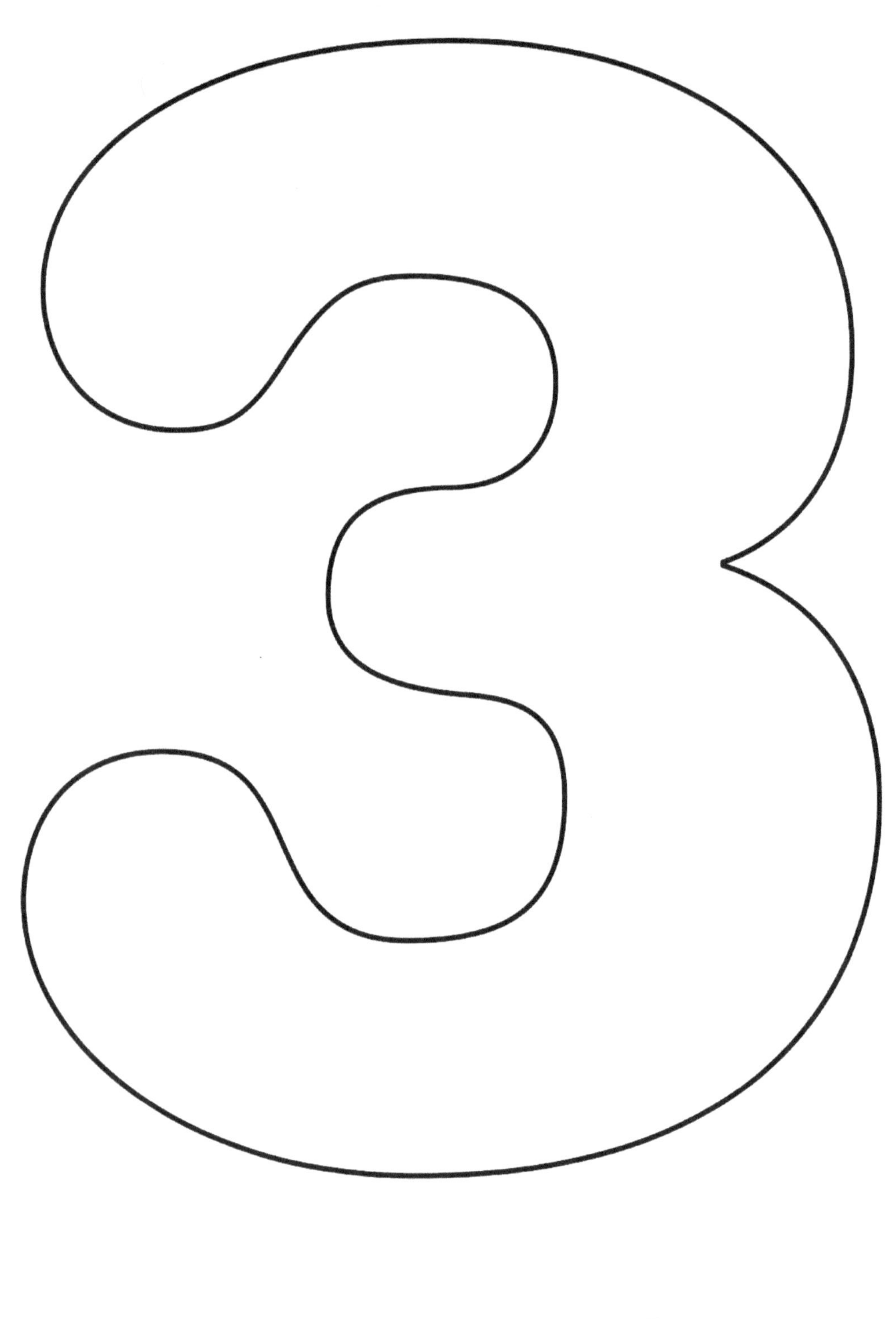
3
Trois

CALCULEZ LE NOMBRE D'ANIMAUX?

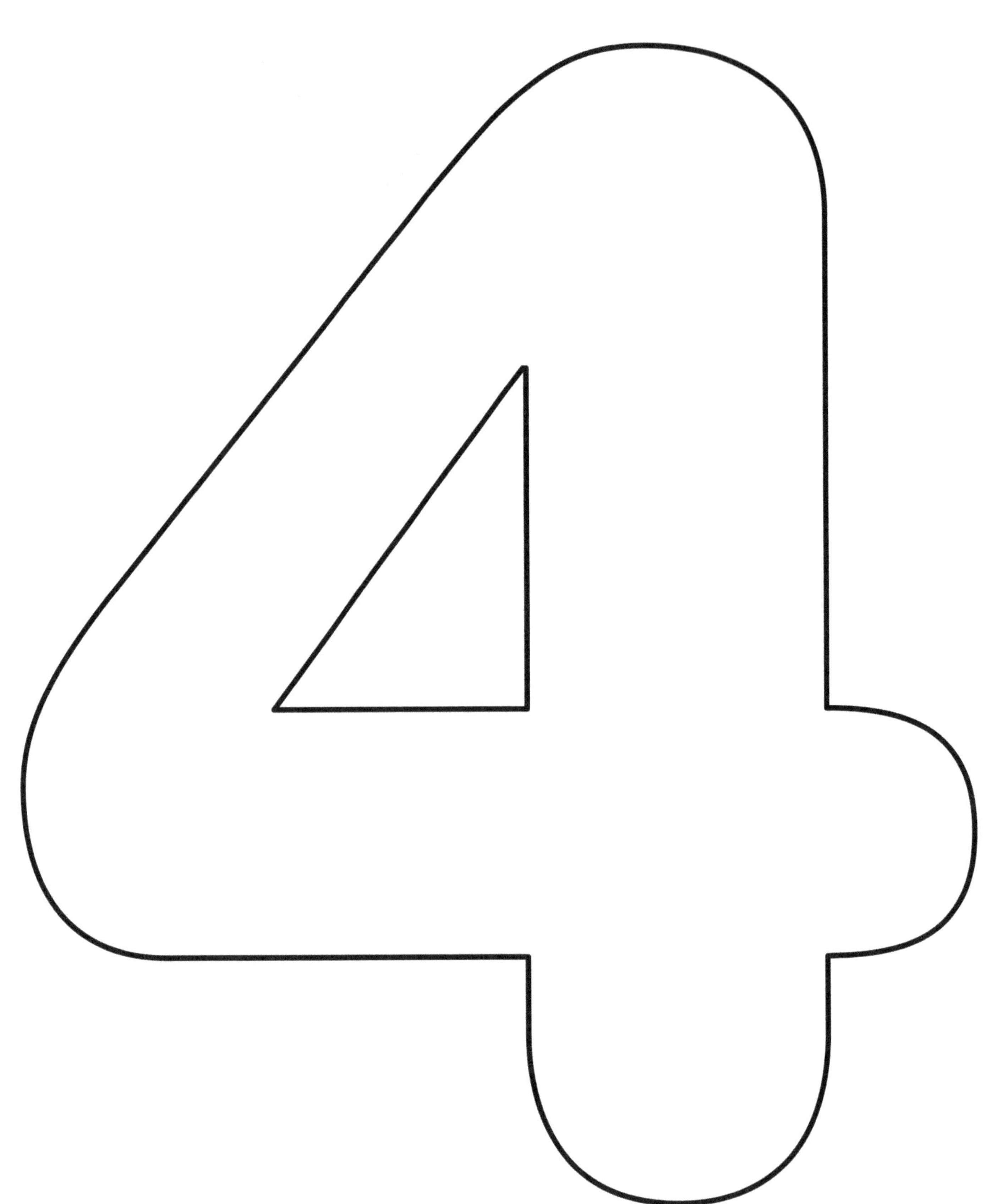

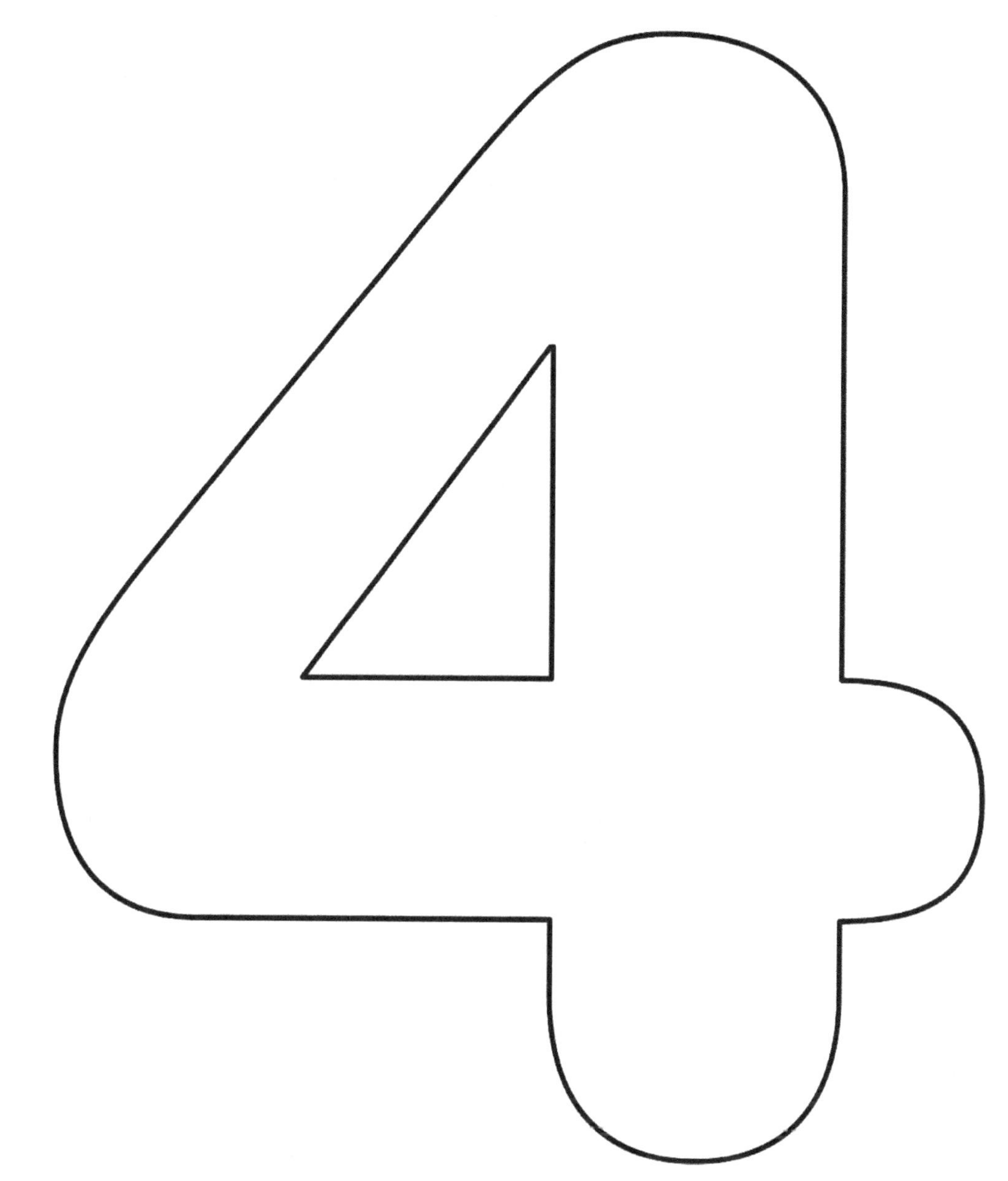

Quatre

CALCULEZ LE NOMBRE D'ANIMAUX?

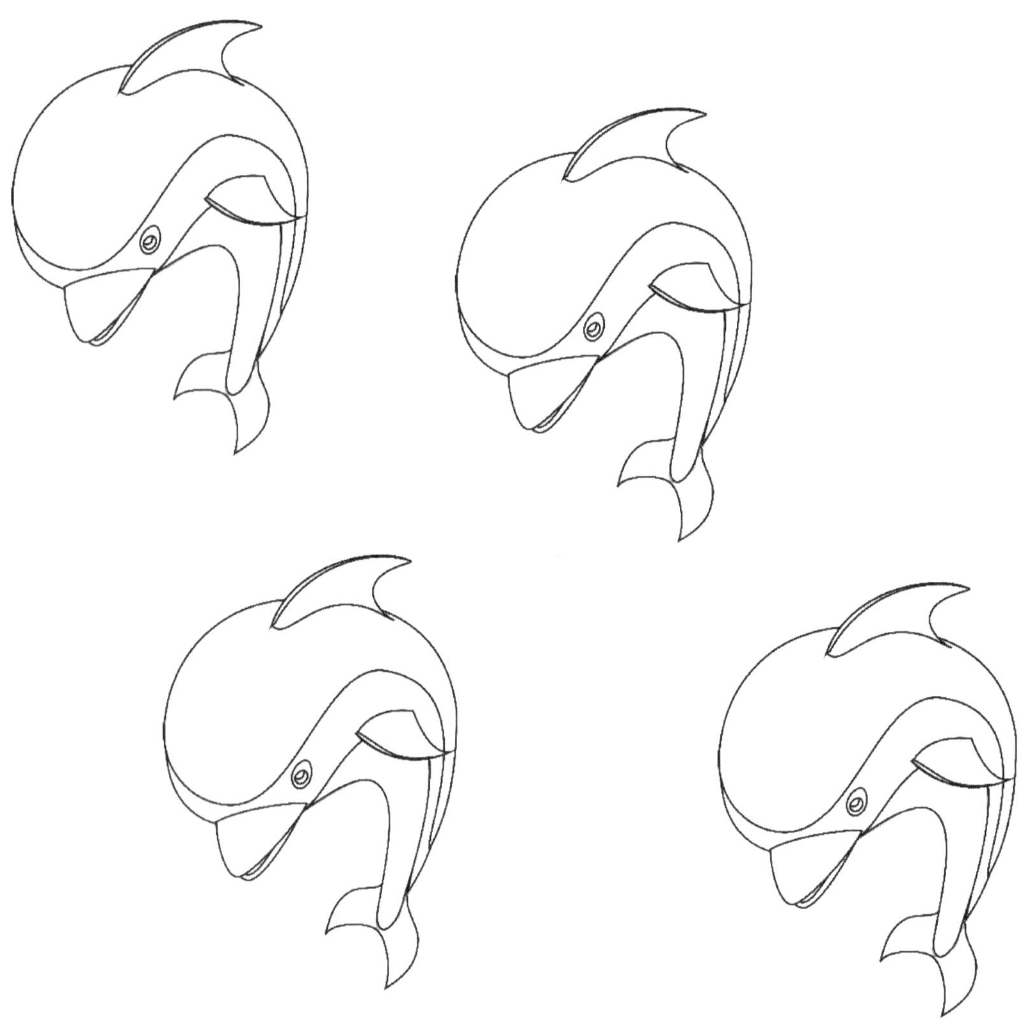

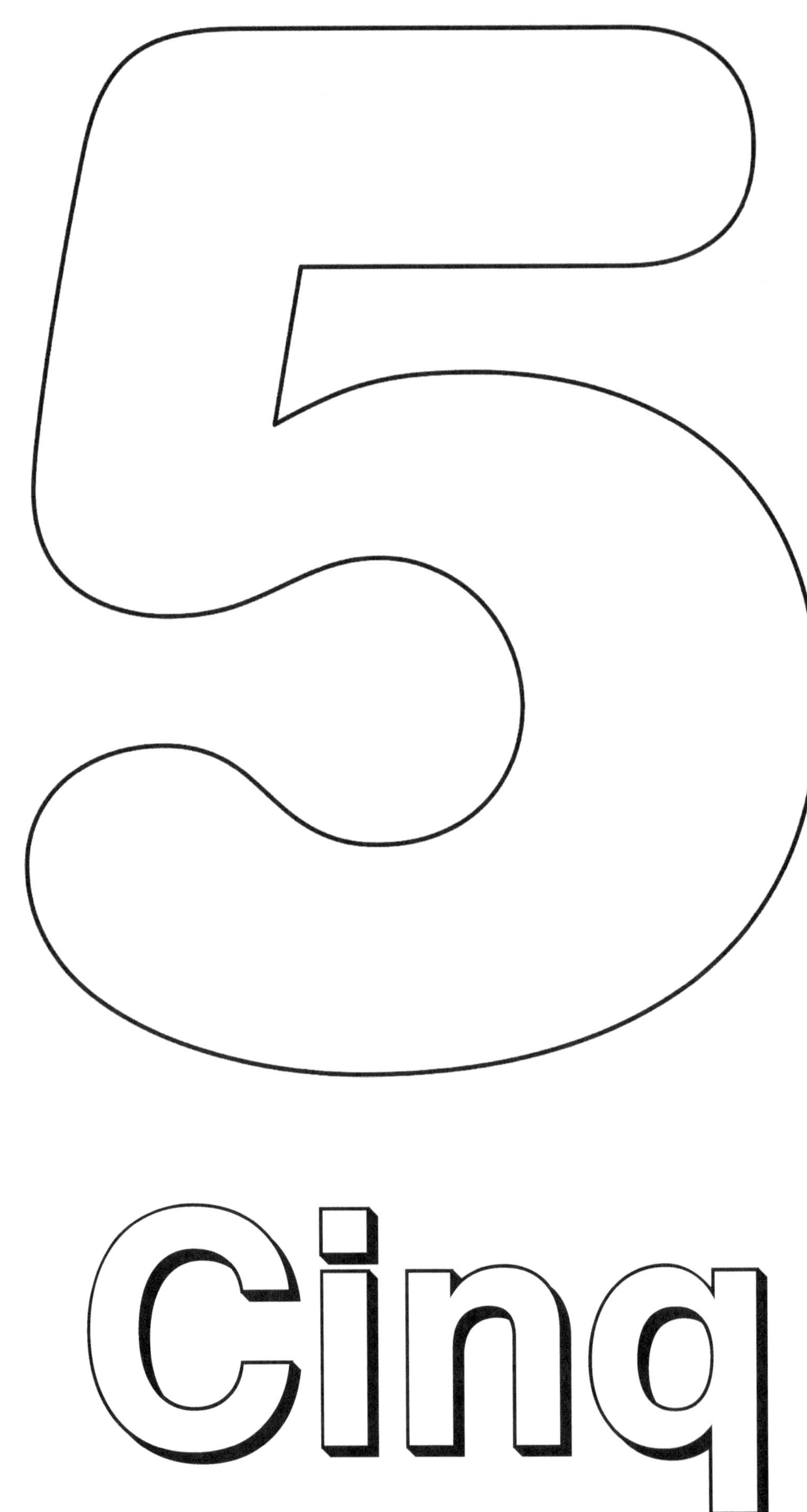

5
Cinq

CALCULEZ LE NOMBRE D'ANIMAUX?

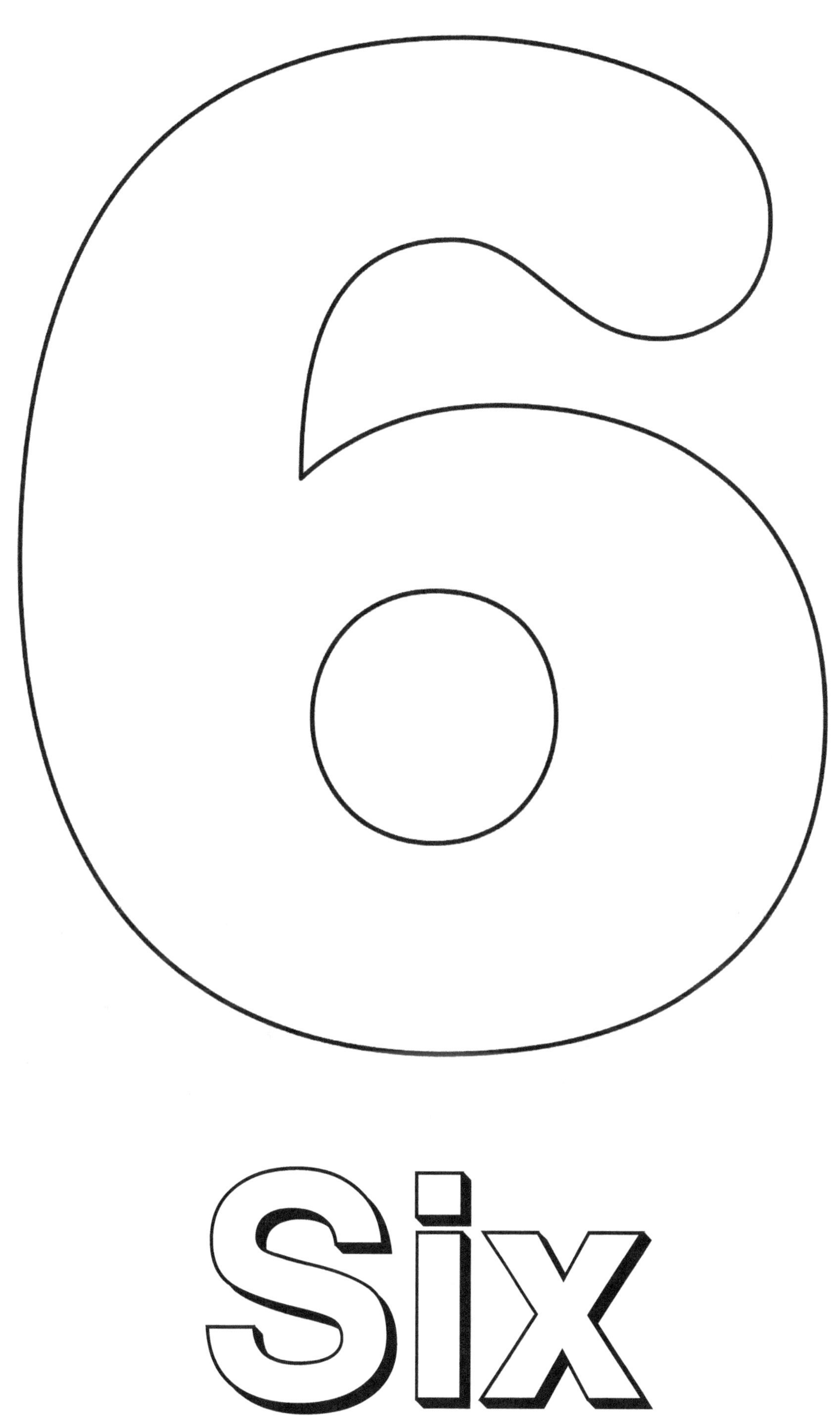

6
Six

CALCULEZ LE NOMBRE D'ANIMAUX?

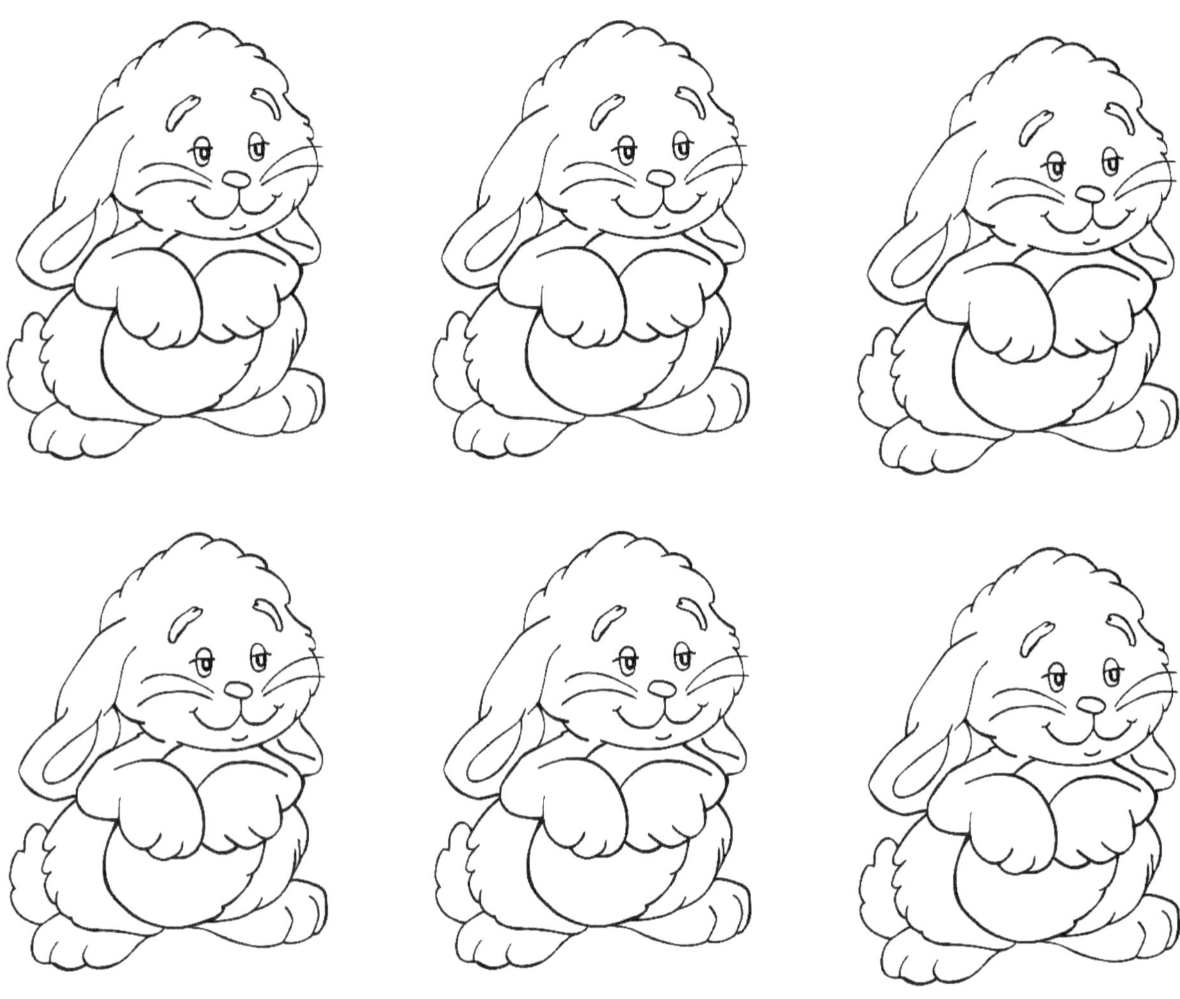

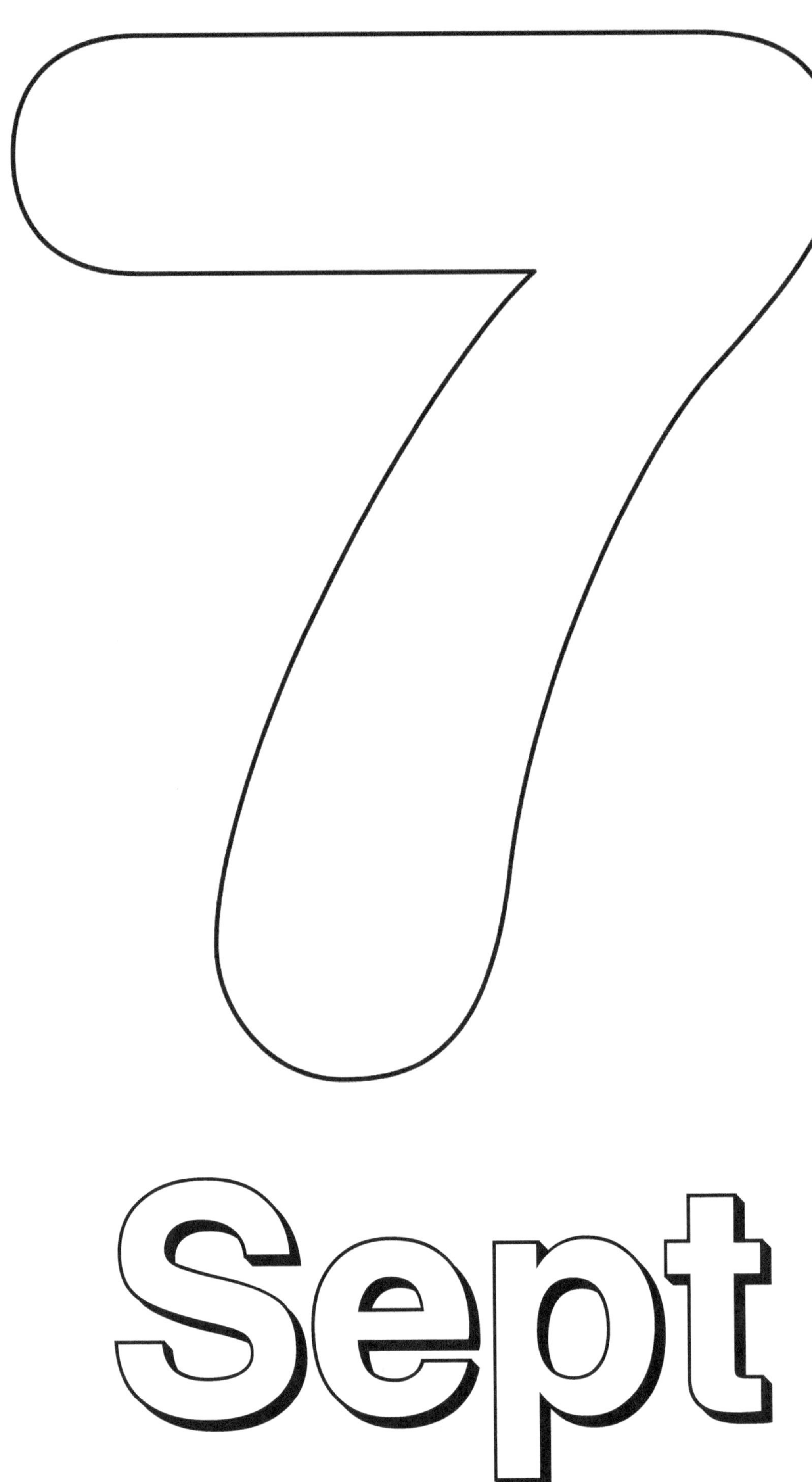

7
Sept

CALCULEZ LE NOMBRE D'ANIMAUX?

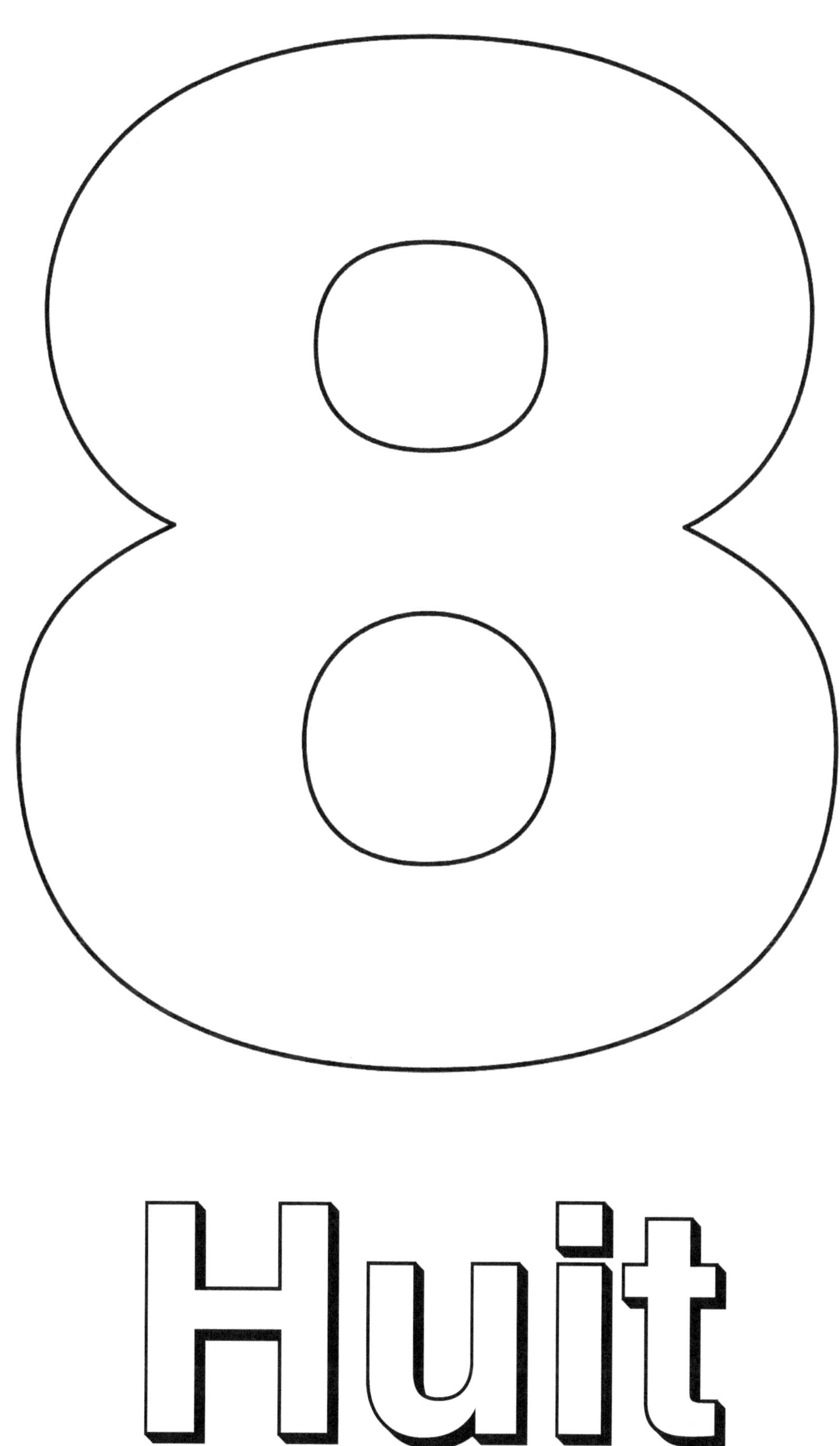

Huit

CALCULEZ LE NOMBRE D'ANIMAUX?

Neuf

CALCULEZ LE NOMBRE D'ANIMAUX?

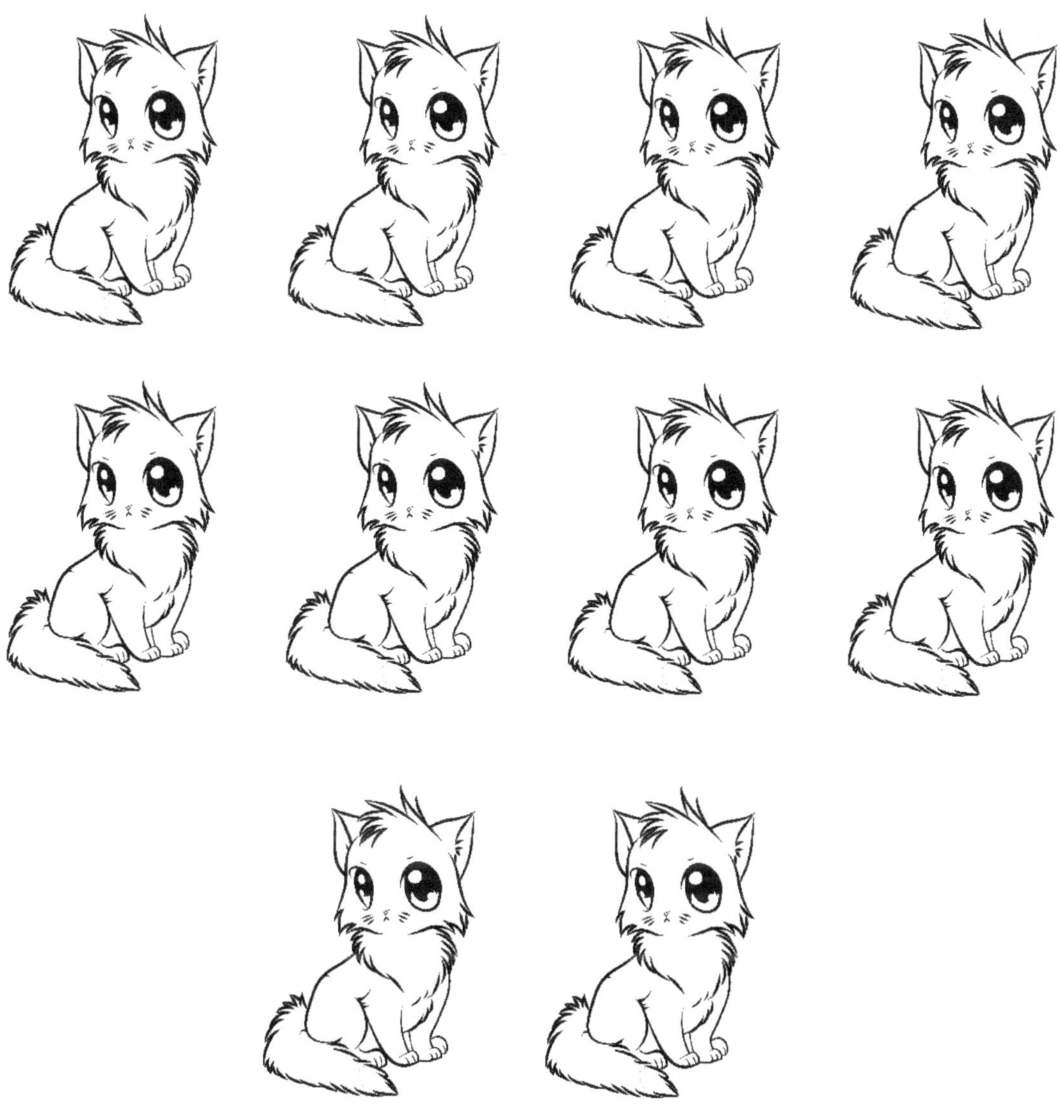

Les Formes

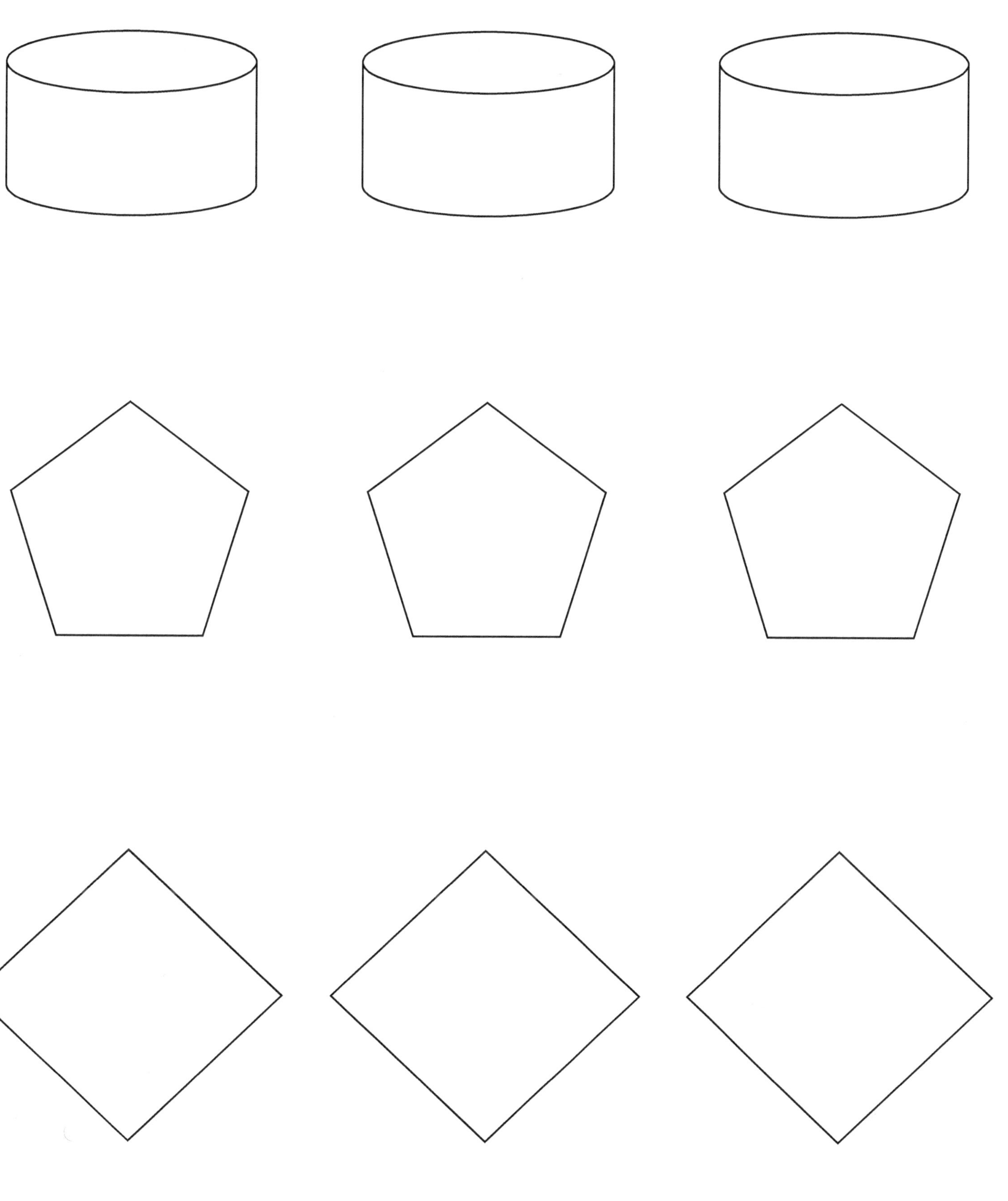